Callejón con salida

Seis relatos

Elsa Osorio

Espacios literarios | Callejón con salida
Elsa Osorio

Herausgeber: Wolfgang Steveker
Aufgaben und Vokabelannotationen: Dr. Martina Rüdel-Hahn
Redaktion: Andrea Finster
Umschlaggestaltung: werkstatt für Gebrauchsgrafik, Berlin
Layout und technische Umsetzung: Annika Preyhs für Buchgestaltung +, Berlin
Umschlagfoto: Fotolia.com/Guiseppe Parisi

Quellenverzeichnis:
Fotos: S. 105: © Corbis/Sygma/Diego Goldberg – S. 106: © Corbis/Bettmann –
S. 110: (oben) © Corbis/Steve Raymer, unten: © Corbis/Eduardo Longoni –
S. 111: © Corbis/Sygma/Sophie Bassouls
Copyright der Texte: © Elsa Osorio, c/o Guillermo Schavelzon & Asoc., Agencia
Literaria: www.schavelzon.com – Anexo: Efemérides Culturales Argentinas,
© 2001–2012

Verwendete Abkürzungen

a/c	alguna cosa	fam.	familiar
alg.	alguien	jdm.	jemandem
amer.	americanismo	jdn.	jemanden
arg.	argentino	loc.	locución
cat.	catalán	pey.	peyorativo
etw.	etwas	vulg.	vulgar

www.cornelsen.de

Die Webseiten Dritter, deren Internetadressen in diesem Lehrwerk angegeben sind,
wurden vor Drucklegung sorgfältig geprüft. Der Verlag übernimmt keine Gewähr für
die Aktualität und den Inhalt dieser Seiten oder solcher, die mit ihnen verlinkt sind.

1. Auflage, 4. Druck 2021

Druck: Esser printSolutions GmbH, Bretten

ISBN 978-3-06-023385-4

PEFC zertifiziert
Dieses Produkt stammt aus nachhaltig
bewirtschafteten Wäldern und kontrollierten
Quellen.

PEFC
PEFC/04-31-2851

www.pefc.de

Callejón con salida

5   **Las cartas de Juan**

20   **Llanto**

43   **Siete noches de insomnio**

61   **La película de Mónica**

78   **Padre y patriota**

85   **El despromovido**

Anexo

105   **La dictadura militar en Argentina**

110   **La Plaza de Mayo**

111   **Nunca Más: Informe Sabato**

Las cartas de Juan

Algo hay que hacer, pero qué. Contárselo a Gabi, no, en eso están los tres de acuerdo. Además contarle qué, acaso alguno sabe con certeza[1] qué pasó con Juan. Sin embargo, no se puede sostener[2] más esa situación. Ayer mismo Gabi
5 le preguntó a Maruja: dónde está Juan, cómo es posible que se haya ido sin decirme una palabra, no va a cambiar de un día a otro, Juan me quiere. Por supuesto, Gabi, todos te queremos, le contestó Maruja. Y Gabi la miró entonces como cuando le pasó... eso, con los mismos ojos
10 reventándole[3] en la cara. Maruja trató de explicarle que Juan se fue porque la situación del país está complicada ahora, y hasta se refirió a, su actividad política de una manera ambigua[4], claro, pero Gabi la detuvo: que ya sabe, mucho más que ella, que no la trate como a una nena[5], que
15 ya tiene veinte años, y que si durante veinte años ellos han sido no sólo hermanos mellizos[6] sino amigos, no va a ser Maruja quien le cuente cómo es Juan, que qué es lo que ellos saben, por favor, Maruja, no me lo ocultes[7].
—Después la escucho caminar toda la noche en su
20 dormitorio, otra vez, como antes de esa tarde terrible. Mejor no acordarme, todavía me duele la mano con la que tuve que abofetearla[8] para que parara.

---

1 la certeza: Gewissheit
2 sostener (e>ie) a/c: mantener (e>ie) a/c
3 reventar (e>ie): hervorspringen, überlaufen
4 ambiguo/-a: *hier* vage
5 la nena: la niña pequeña
6 el/la mellizo/a: Zwilling
7 ocultar a/c: esconder a/c
8 abofetear a alg.: jdn. ohrfeigen

También a Javier y a Enrique los había lastimado aquella violencia, qué se cree, que sólo ella la sufrió. Ellos también son sus hermanos.

Por eso Maruja los ha llamado hoy, para tomar juntos una decisión. Los tres siempre cuidaron a los mellizos, [5] natural porque les llevan muchos años[1], pero desde que sus hermanos se casaron, Maruja es la que vive con ellos, y no quiere sentirse la única responsable de lo que le pueda pasar ahora a Gabi, mucho menos después de lo de Juan, no... Teme que Gabi pueda sufrir una recaída[2], la ve como [10] en aquellos días, antes de que tuvieran que internarla[3]. Cree que esta incertidumbre[4] respecto de Juan la está trastornando[5].

—Pero no podemos decirle la verdad, Gabi no lo resistiría. [15]

—Como no soportó la muerte de mamá —dice Enrique—, porque antes eran apenas algunas actitudes extravagantes, fue después de la muerte de mamá que Gabi se puso así.

Y qué van a hacer si tiene otra crisis: de nuevo la clínica, la cura de sueño, las mentiras a los amigos, y Gabi gorda y [20] mansa[6], como queda después del tratamiento.

—Es una lucha para que tome los remedios[7], se niega a ir al consultorio —dice Maruja.

—Eso es por Juan —dice Javier—. Él la convenció: que ese psiquiatra la va a destruir, que la va a convertir en una [25] planta.

---

1 llevar a alg. muchos años: ser mucho mayor que alg.
2 la recaída: Rückfall
3 internar a alg.: jdn. einweisen
4 la incertidumbre: la inseguridad, las dudas
5 trastornar a alg.: inquietar a alg.
6 manso/-a: gefügig, still
7 el remedio: la medicina

—Y quién sabe qué más le habrá dicho a Gabi, ya estaba metido con esa gente que le reventó[1] la cabeza —dice Enrique—. Yo se lo advertí, no me digan que no, cuando Juan empezó a cambiar, a rebelarse, a cuestionar todo. ¿Se acuerdan cómo se indignó[2] con nosotros porque la internamos sin pedirle su opinión? Él, él solo iba a ocuparse de conseguir el profesional y el tratamiento adecuados para Gabi. Pero cuándo, cómo, si apenas estaba en casa en el último tiempo.

—Ahora estamos hablando de Gabi —se impone Maruja—. De Gabi, no de Juan. Por él ya no podemos...

Tal vez para que Maruja no largue ese llanto[3] que está ahí, al borde[4], Javier interrumpe, con fastidio: que terminen de una vez por todas con las discusiones, que están todos muy alterados[5] después de lo que pasó con Juan. Como para no estarlo, alterados no, yo estoy destruida, y soy yo la que está con Gabi todo el día, la que debe ponerle cara[6] de qué, de qué, me quieren decir, cuando me pregunta por Juan. Maruja tiene razón: ahora hay que pensar cómo tranquilizar a Gabi.

Lo de las cartas lo propone Javier. A Maruja le parece peligroso porque tal vez la correspondencia se revise y puedan perjudicar[7] a Juan, si es que él está escondido y... Vamos, Maruja, no te engañes, sabemos que Juan está muerto. Y Javier: que eso es lo que Enrique piensa, pero que seguro, seguro, no saben nada. ¿Vos lo viste muerto, Enrique? Porque yo no, y Maruja tampoco.

---

1   reventar (e>ie) la cabeza a alg.: jdn. einer Gehirnwäsche unterziehen

2   indignarse con alg.: enfadarse con alg.

3   largar un llanto: empezar a llorar

4   estar al borde: kurz vor etw. sein

5   alterado/-a: confuso/-a

6   poner cara a alg.: *hier* jdm. gegenüber treten

7   perjudicar a alg.: dañar a alg.

Ahora es Enrique el que dice que no están discutiendo lo de Juan, que ya bastante dolor, que ahora se trata de Gabi. Gabi está muy mal. Como todos nosotros. Pero es distinto porque ella es chiquita y está enferma de los nervios.

La idea de Javier es buena. No hay que perder tiempo, 5 él mismo se compromete a escribir la primera carta de Juan esa tarde en el estudio. Se ponen de acuerdo en los detalles: la escribirán a máquina, con frases suficientemente vagas como para que no sospeche, y sin fecha. Enrique se la dará a su cuñado para que la despache[1] desde Brasil. 10

La segunda carta la escribe Enrique y se la dan a una amiga que viaja para que la envíe desde Barcelona. Deciden no agregar[2] más que un cambio de ciudad y una disculpa por no darle la dirección para que Gabi le responda, ella tiene que comprender, es por razones de seguridad. 15

La tercera la escribe Maruja y le comenta que se ha dejado la barba y que le queda bastante bien. Y en la cuarta, escrita por Javier, Juan tiene un trabajo no muy interesante pero que le permitirá seguir viajando.

En los próximos meses, Juan toma trenes, viaja en 20 autobuses, se deslumbra[3] con monumentos históricos, hace trabajos esporádicos, se deja el pelo largo.

Difícil encontrar algo nuevo para escribirle, coinciden los tres hermanos esa noche, mientras toman un café, después de cenar. Gabi se ha retirado a su dormitorio. 25

—Quizás deberíamos incorporar[4] la lectura, algún autor nuevo —sugiere[5] Javier—. Los libros siempre han sido un lazo[6] muy fuerte entre Gabi y Juan.

---

1 despachar a/c : enviar a/c
2 agregar a/c: añadir a/c
3 deslumbrarse con a/c: hingerissen, überwältigt von etw. sein
4 incorporar a/c: integrar a/c
5 sugerir (e>ie,i) a/c: proponer a/c
6 el lazo: Band, Verbindung

—Sí, a Juan le gusta mucho leer.

No soporta Maruja esa mirada admonitoria[1] de Enrique, que no lo diga, por favor, que no lo diga, pero lo dice: le gustaba, Maruja, le gustaba. Pero qué necesidad tenés,
5 Enrique, y Javier le pasa un brazo por el hombro a Maruja.

Va a llorar, sí, pero no sólo por Juan, va a llorar por la carta que Gabi le escribió anoche a Juan, y rompió en mil pedazos[2], porque dónde la va a mandar, dónde, Gabi pisoteando[3] los papeles en el suelo, con furia, ¿cómo me
10 puede hacer esto, Juan?, las manos crispadas[4] y esa expresión en los ojos que tanto asusta a Maruja.

—Tiene la luz encendida —observa Enrique.

—Sí, se queda despierta —la voz quebrada de Maruja—, Gabi está mal, muy mal.

15 —Yo la vi muy bien. Hasta contenta, te diría.

—Sí, demasiado. Está excitadísima[5]. ¿Vieron cómo se reía? Ayer la escuché otra vez caminar y caminar por el dormitorio. No duerme, le doy las pastillas, pero no le hacen efecto.

20 Quizás exageraron, al fin, a casi todos los amigos que viajaban les entregaban una carta. Hay que espaciarlas[6]. Sí, con tantas cartas, tantos lugares, puede confundirse, hasta ellos están confundidos.

La ve entrar a Maruja con el vaso de agua sobre la bandeja[7]
25 del desayuno. Quiere asegurarse de que Gabi tome los remedios porque ella tiene que salir y no volverá hasta la tarde. Juan le decía que no los tomara, Juan, el de antes, no

---

1 admonitorio/-a: mahnend
2 el pedazo: Stück
3 pisotear a/c: auf etw. herumtreten
4 crispar: verkrampfen
5 excitado/-a: aufgeregt, erregt
6 espaciar: *hier* streuen
7 la bandeja: Tablett

el de las cartas que le recomienda que se cuide, que duerma
bien. No va a discutir con Maruja, no quiere escuchar otra
vez: que te hacen bien, que para que estés tranquila.

Tranquila, tranquila y después la nube por la que camina
durante el día, el sillón y apenas mirar por la ventana 5
porque leer la cansa, se le confunden las letras. Una carta
corta sí puede leer, una carta escrita a máquina como si ella
no entendiera más la letra de Juan.

De todos modos no las entiende, serán las pastillas o la
distancia. Es difícil encontrar a Juan en esas cartas breves, 10
anodinas[1], atadas[2] a un muro por correas[3] invisibles, que
nada le dicen de Juan más que su ausencia. Sin embargo,
las espera con ansiedad[4]. Si al menos ella pudiera enviarle
las cartas que le escribe encontraría la manera de decirle
algo que lo despierte, que le devuelva el cómplice que 15
siempre tuvo en Juan.

—Sí, Maruja, las voy a tomar.

Gabi ya aprendió a esconder las pastillas debajo de la
lengua y hasta a tomar agua después sin tragarlas. Se las
saca de la boca con el dedo apenas Maruja se distrae y las 20
pastillas desaparecen en un remolino de agua[5] en el
inodoro[6].

Se ducha y se viste. Se sienta en el living[7]. Desde allí se
ve perfectamente la puerta de la calle. El ruido del ascensor
y los sobres bajo la puerta. Corre para llegar a recogerlos 25
antes que Zulma, la mucama[8]. Separa dos sobres a su

1 anodino/-a: insignificante, sin contenido
2 atado/-a: gefesselt
3 la correa: Leine, Riemen
4 la ansiedad: la inquietud, el miedo
5 el remolino de agua : Wasserstrudel
6 el inodoro: WC
7 el living: *amer.* el salón
8 la mucama: *arg.* la sirvienta

nombre y deja los otros sobre la mesa. Se encierra en su dormitorio.

Las manos rápidas rasgando[1] un sobre. Juan está bien, sigue viajando, el tiempo es agradable, espera que ella esté
5 mejor. No quiere seguir. Juan, a dónde te llevó este viaje, qué pastillas te dan cada mañana, qué médico te pierde en ese sopor[2] que te dicta palabras tan imbéciles, tan poco tuyas, Juan.

Rompe el otro sobre: Gabi querida, hermanita, gaviota.
10 Gaviota[3], la playa, Cariló[4], los cuentos que se contaban, los juegos, los médanos[5] por donde se deslizaban[6], las risas. Al fin Juan. Tengo miedo.

Gabi compara una carta con otra, las dos están escritas a máquina, en una está bien, pasea, en la otra tiene miedo.
15 ¿Miedo, Juan?, nunca me lo dijiste, aunque debías tener mucho miedo, si no, no me hubieras escrito así, como si no fueras vos. En una *Querida Gabi, en otra Gabi querida, hermanita, gaviota. Te extraño, no sabés cuánto te extraño. Todas las mañanas, cuando tiro la red con los pescadores y*
20 *bajo el agua transparente descubro esos peces de colores, pienso cómo me gustaría que estuvieras aquí, conmigo. Nos contaríamos historias de piratas, de marineros y sirenas como cuando éramos chicos ¿te acordás? Esa Gabi es la que quiero, no la que nada en la bruma[7] de los remedios. Pero*
25 *no puedo hacer nada desde aquí. Ayer le decía a Paco que me siento tan culpable por no haberte ayudado. Todo pasó tan rápido. Me tuve que ir de un momento a otro, fue*

---

1 rasgar a/c: abrir rápido a/c
2 el sopor: Benommenheit
3 la gaviota: Möwe
4 Cariló: Badeort in der Provinz Buenos Aires
5 el médano: *amer.* la duna
6 deslizarse: rutschen, gleiten
7 la bruma: Nebel

absolutamente necesario, no podía ir a casa, hubiera sido peligroso para todos.

Saltea[1] párrafos, relee: *Gabi, gaviota, y esa última frase: No debería escribirte, es imprudente[2], pero necesito hacerlo. Tengo miedo por mí y por vos. Esta carta es un* 5 *secreto, no se lo decimos a nadie, como cuando nos escondíamos en la carpa[3] en el jardín de la quinta[4] y vos preparabas pócimas mágicas[5] con hojas y flores en el mortero[6] y yo te contaba mis hazañas de cacique[7]. Destruí esta carta y su sobre, tiralos, y después decile a los chicos* 10 *que te enteraste que estoy bien. Y vivo. Sólo eso. Y que por favor no hagan nada por encontrarme, que se queden tranquilos. Ya vendrán tiempos mejores, y podremos volver a vernos. La organización que se ocupa de nosotros nos está gestionando[8] un asilo político en alguna ciudad donde* 15 *podrás venir a visitarnos. Inventá una llamada mía por teléfono, muy corta, cuando estabas sola.*

Buscar en una agenda el número de la hermana de Paco, en un tiempo eran amigas, si lograra recuperar el tono de los quince años, cuando todo este horror no las había 20 rozado[9]. Proponerle ese encuentro al que María le pone tantos reparos[10], pero Gabi insiste e insiste y al fin sí, la verá en el bar de la esquina de su casa, dentro de una hora.

María cree que se han podido escapar, sí, pero no sabe dónde. Alguien le ha asegurado que están a salvo, no te 25

---

1   saltear a/c: etw. überspringen
2   imprudente: peligroso/-a
3   la carpa: *amer.* la tienda
4   la quinta: la casa en el campo
5   la pócima mágica: Zaubertrank
6   el mortero: Mörser
7   las hazañas de cacique: Heldentaten des Häuptlings
8   gestionar a/c a alg.: etw. für jdn. beantragen, vermitteln
9   rozar: tocar
10   el reparo: Bedenken, Einwand

preocupes, Gabi, y posiblemente, en unos meses, tal vez un año, podrán establecerse[1] en... Suecia, o en España, en algún lugar seguro, y entonces sí, tendrán noticias de ellos. ¿Pero dónde están ahora? Vueltas y vueltas[2], es evidente que María no quiere decírselo. Gabi tiene que encontrar las palabras precisas para convencerla, por suerte no toma los remedios desde hace dos días. No diré nada, María, te lo prometo, necesito ver a Juan, acá me voy a morir, mis hermanos me van a encerrar otra vez. Y le habla, le habla, le habla. María muda, sus ojos cada vez más húmedos, una lágrima[3] imprudente que se seca con la mano: Basta, Gabi, basta. Están en un pueblito de mar, Santa Cruz do Abaís, hay que ir hasta Aracajú. No, no lo anotes, por favor, repetilo, memorizalo. Aracajú, al norte de Salvador. Gabi cierra los ojos y repite los nombres en voz baja. No los olvidará.

—Gracias, María, gracias.

—Cuidate, y pase lo que pase, nunca, nunca digas dónde están.

Lo encontrará. El viaje por tierra debe tardar varios días pero ella los soportará bien. Si se queda en Buenos Aires recibirá otra carta desde cualquier lugar del mundo donde Juan ya no es Juan.

Tiene que irse antes de que regrese Maruja. El dinero está donde siempre lo guarda su hermana, será suficiente. Tiene su documento. Un bolso pequeño. Una nota que deja en el cajón de su escritorio, seguro que van a mirar ahí. Cierra la puerta, agitada[4]. Atrás ha quedado Maruja con las pastillas, Enrique y Javier hablándole como si tuviera diez años, evitando mencionar a Juan.

---

1 establecerse (c>cz): instalarse, vivir
2 (da) vueltas y vueltas: *etwa* wie sie es auch wendet
3 la lágrima: Träne
4 agitado/-a: nervioso/-a

El papel está manoseado[1] de tanto pasárselo y releerlo. Ahí están sus nombres y unas líneas: *Me voy con Juan. Él me necesita. Ya les escribiré. Gabi.*

Cómo va a irse con Juan, si Juan... Pero ella no lo sabe, nunca se lo dijimos. Tal vez pensó que podía acompañarlo, algo en su carta debe haberle hecho reaccionar de esa manera. Aún no saben si la última fue enviada desde Brujas[2] o desde Ámsterdam. Poco importa, las cartas no tienen fecha. En el escritorio de Gabi sólo encontraron la nota que les dejó, las cartas de Juan, las de ellos, bah, se las llevó. Zulma ya se lo dijo varias veces: Gabi separó la correspondencia, cree que tenía dos sobres en la mano.

La de Amsterdam y la de Brujas pueden haber llegado juntas. No, si la de Ámsterdam llegó hoy. Cuál, cuál entonces. Quizás sea alguna de las anteriores que se atrasó[3].

Hacen recuentos[4] de las cartas que le enviaron. Javier anota en un papel y van tachando[5] a medida que Maruja se acuerda cuándo la recibió.

Es fundamental saber cuál fue la última carta que recibió, quién la escribió. Aquí no aparece, dice Enrique arrancando[6] el papel de las manos de Javier, evidentemente uno de ustedes escribió otra, otra que la sacó de quicio[7]. La mirada amenazante de Enrique va de Maruja a Javier.

—Inútil —dice Javier, acariciando la tela del tapizado[8]—. Todo es inútil. ¿Qué importa cuál fue la última si casi no

1 manoseado/-a: *hier* zerknickt, zerfleddert
2 Brujas: una ciudad en Bélgica
3 atrasarse: llegar tarde
4 hacer recuentos de a/c: contar (o>ue) a/c de nuevo
5 tachar a/c: etw. durchstreichen
6 arrancar a/c de alg.: quitar a/c a alg.
7 sacar de quicio a alg.: volver (o>ue) loco/-a a alg.
8 la tela del tapizado: Stoff des Wandteppichs

había variantes? Gabi se dio cuenta de que la engañábamos y está vengándose[1] de nosotros.

—Eso pensás vos que no vivís con ella, pero yo que la veo todos los días esperar ansiosa, encerrarse a leer, puedo
5 asegurarte que Gabi cree que las cartas que le escribimos son de Juan.

—¿Y por qué entonces nunca nos comentó nada? La culpa es nuestra, nunca debimos hacer algo así.

—La idea fue tuya. ¿Ya te olvidaste?

10 Que ya dejen de pelearse, que esa idea es disparatada[2] porque dónde puede estar Gabi escondida si no ve casi a nadie. Y Javier: que más disparatado es pensar que pueda haberse ido a Amsterdam sin dinero.

Ni lo habían pensado mareados[3] como estaban,
15 barajando[4] distintas hipótesis. ¿Tenía Gabi dinero? Lo que Maruja guarda no está, pero lógicamente no podría ir a Europa con ese dinero y sin pasaporte.

Siguen discutiendo si llaman a alguna gente que tal vez sepa de Gabi. A la policía, no, eso ya lo habían descartado[5]
20 ayer, no, después de lo de Juan, a ver si otra vez entran esos animales y les dan vuelta la casa, como pasó cuando Juan..., por suerte Gabi estaba en la clínica, le hubiera hecho tanto daño. No, ellos no quieren escándalo. Ya va a aparecer. Pero algo hay que pensar mientras tanto, la gente va a
25 comenzar a preguntar y algo vamos a tener que decir.

—Lo de siempre cuando va a la clínica, que se fue de viaje.

---

1 vengarse de alg.: sich an jdm. rächen
2 disparatado/-a: absurdo/-a
3 mareado/-a: *hier* erregt, aufgeregt
4 barajar a/c: etw. erwägen
5 descartar a/c: *hier* etw. ausschließen

Incontables paradas, distintas caras, cada vez más calor, ciudades, playas, bares. El día cayendo en la noche, el sol asomando[1]. En la terminal de Aracajú[2] le cuesta encontrar ese nombre que ha repetido tantas veces en ese viaje: Santa Cruz do Abaís[3]. Logra entender que en dos horas sale el 5 autobús que la dejará allí.

No tiene ninguna dirección, pero es un pueblo chico, le han dicho. Pregunta por Paco y Juan a un chico que se le cruza. Paco, repite, y hace señas de tocar la guitarra. El sol pega fuerte, le parece que nunca ha visto los colores tan 10 nítidos[4]. El chico llama a otros, la conducen hasta la playa, no entiende lo que le dicen pero suena a música.

Pisa con los pies descalzos la arena tibia. ¿Es Juan?

—¡Juan, Juan!

—Gabi, gaviota, loquita, no puedo creerlo. 15

Cuánto hace que no se abrazaban. Tanto para decirse y tan poco deseo de explicar, tan sólo verse, saberse ahí, tan cerca. María le dijo dónde estaban, ahora quiere descansar, está extenuada[5]. ¿Lo saben sus hermanos? No, Gabi no les dijo nada, le hizo caso[6] a él. Quiere ver los peces de colores 20 de los que le habla en su carta. Juan está perturbado[7], nunca debió haber escrito esa carta. Sus hermanos deben estar desesperados con la ausencia de Gabi. Que no se preocupe, Gabi les escribirá pero no les dirá nada de ellos, sólo que sepan que están bien, es fácil, sabe cómo hacerlo, 25 tiene en su bolso todas las cartas que Juan le mandó desde Europa. ¿Europa? Si él no cruzó el océano.

Gabi relee las cartas de Juan y escribe a sus hermanos.

---

1   asomar: parecer (c>zc)
2   Aracajú: ciudad brasileña
3   Santa Cruz do Abaís: un lugar en el Brasil
4   nítido/-a: puro/-a, claro/-a
5   extenuado/-a: erschöpft
6   hacer caso a alg.: obedecer (c>zc) a alg.
7   perturbado/-a: verstört

La carta llega a nombre de Enrique, sin fecha, escrita a máquina, apenas unos renglones[1]. Un tono vago, siniestramente[2] parecido a las cartas que ellos le escribieron. Por eso Javier insiste en su teoría. Enrique y Maruja ya no
5 están tan seguros de que Javier se equivoque. Quién, que ellos conozcan, viajó a Brasil. Quizás alguien que no conozcan, amigo de quien protege a Gabi. ¿Protegerla de qué?, ¿acaso ella tenía que esconderse? Nunca estuvo en la de Juan. Entonces ¿protegerse de quién? De ellos, de sus
10 propios hermanos. Basta, Javier. Que la dejen en paz, esté donde esté, que ya cometieron bastantes errores. Javier pega un portazo[3] y se va.

Esa tarde le escribirá una carta a Gabi pidiéndole perdón, explicándole que lo hicieron para protegerla de
15 una crisis, que se equivocaron, que él la quiere y que nunca, nunca más la va a engañar, que lo más probable es que Juan esté muerto, Gabi, es hora de que lo sepas, lo asesinaron. Esos salvajes[4] lo mataron, pobrecito. Y ni siquiera sabemos dónde está su cuerpo.

20 Enrique llama a las amigas de Gabi. No la han visto desde hace tiempo. Sólo Teresa le dice que la encontró muy triste la última vez que la vio, que Juan, le había contado Gabi, estaba tan cambiado con ese viaje, tan pero tan estúpido. Estúpido, sí, eso le había dicho, y Teresa no quiso
25 hacerle ninguna pregunta porque ella sabía que a Juan lo secuestraron[5].

Gabi ha pescado esa mañana con Juan, Paco y otra gente que ha conocido. Se tira a descansar a la sombra de una

---

1   el renglón: la línea
2   siniestramente: *hier* ungeschickt
3   pegar un portazo: cerrar la puerta con mucho ruido
4   salvaje: wild
5   secuestrar a alg.: jdn. entführen

palmera y saca del bolso las cartas de Juan. Relee las primeras y le escribe a Javier: *El tiempo es agradable, Juan se ha dejado la barba y le queda muy bien. Estoy descansando mucho. Traten ustedes de descansar a la noche. Allá se descansa poco, ¡hay tanto ruido! Discúlpame* 5 *por no darte la dirección por el momento, es por razones de seguridad. Un beso. Gabi.*

La carta de Gabi confirma, según Javier, que está en Buenos Aires y se dedica a devolverles el juego. Enrique encuentra que la carta es delirante[1] y que ellos debieron haberla 10 internado en la clínica, pero dónde, Dios, dónde estará y quién será el crápula[2] que la ayuda, pero ya la va a encontrar, porque él, cuando se propone algo. Sí, así como te propusiste hacerle entender a Juan que estaba en mal camino y mirá. Juan se lo buscó, él, como hermano mayor, 15 tuvo que ponerse duro. Y por eso no recurrió[3] a nosotros, quizás lo hubiéramos podido ayudar a escaparse.

—¿Y si fuera cierto que Juan está bien y que Gabi se fue con él?

—Ay, Maruja, no delires[4] vos también. 20

—Reproches mutuos[5] y hasta gritos. Gabi y Juan, los queridos mellizos, dos fantasmas acechándolos[6] y una culpa saltando entre ellos, encabritándolos[7] uno contra el otro.

Debe escribirles, pero qué. Ellos ya conocen lo esencial, sólo podría repetir y repetir, y Gabi sabe que si no agrega 25

---

1 delirante: loco/-a
2 el crápula: Wüstling
3 recorrer a alg.: *aquí* dirigirse a alg., pedirle (e>i) ayuda a alg.
4 delirar: fantasieren
5 mutuo/-a: gegenseitig
6 acechar a alg.: jdm. auflauern
7 encabritar: estar enfadado/-a

nada nuevo, los angustiará[1] más y ella no quiere que sufran porque los quiere, aunque sean así, como son. Cuando cierra el sobre, decide que ésa será la última carta que enviará a sus hermanos.

5 Quizás porque estén cansados ya de los mutuos reproches y las búsquedas que no conducen más que a un callejón sin salida, o más probablemente por esa última frase que, qué notable[2], a ninguno se le había ocurrido escribir en las cartas de Juan, la carta de Gabi produce un efecto diferente.

10 La pasan de mano en mano sin comentarios y se despiden, por primera vez, en todos esos meses, con el afecto de antes.

Apenas una línea: *No sufran. Estamos bien. Los quiero mucho. Gabi.*

1. Resume lo que pasa en el cuento que acabas de leer.
2. Analiza la relación entre Gabi y sus hermanos. Después confeccionad una imagen congelada que represente las relaciones entre Gabi y sus hermanos.
3. Comenta la manera cómo los hermanos quieren ayudar a Gabi.
4. Preparad un juego de roles: Después de algún tiempo los cinco hermanos vuelven a verse y hablan sobre lo que pasó.
5. Infórmate en Internet o lee el texto de las p. 105–109 sobre la dictadura militar en Argentina. Formad grupos y exponed vuestras informaciones en clase.

---

1 angustiar a alg.: causar miedo a alg.
2 notable: bemerkenswert

Llanto

Drama de enredos[1]

I

Buenos Aires, 1978
Mamá no me dio la noticia directamente, no, empezó con
un largo rodeo[2], como si ella también —no sólo su
hermana— tuviera que disculparse: que Martín siempre
tuvo problemas, desde chico, acordate cuando venía a la   5
quinta[3] y se pasaba el día coleccionando insectos, y que lo
de la chica esa con la que se había metido, un horror, lo
puso peor, y que tampoco su madre se lo prohibió
totalmente, sólo le desaconsejó que... Y yo, tratando, de
salir de ese enjambre[4] de chismes[5] familiares: 10
   —Mamá, por favor, estoy trabajando.
   —No me cortes[6], Ezequiel. Lo que no te dije es que
Martín murió. Esta mañana, o anoche.
   No me dijo se mató, se suicidó[7], simplemente murió,
como si hubiera sido una muerte natural.   15

Andrea no llegó a la que en los últimos tres meses fuera su
casa: sintió ese pellizco[8] interno antes aun de ver el auto

1 el drama de enredos: Verwirrspiel, Intrige
2 el rodeo: Umschweif, Umweg
3 la quinta: la casa de campo
4 el enjambre: Schwarm
5 el chisme: Klatsch, Gerücht
6 cortar a alg.: interrumpir a alg.
7 suicidarse: matarse a sí mismo
8 el pellizco: *aquí* la inquietud

atravesado[1] en la esquina, y todos los signos de zona liberada. No tenía por qué ser precisamente su departamento, podía ser otro, hay muchísimos edificios en esa cuadra[2], pero no iba a correr el riesgo.

5   Giró sobre sus talones[3] y se dirigió a buen ritmo hasta la avenida Santa Fe. Cruzó la avenida y caminó por una calle angosta[4] y luego por otra que la cortaba, y otra paralela, quién sabe cuántas cuadras, muchas seguramente, porque su respiración estaba muy agitada[5] cuando se detuvo a

10 observar dónde estaba. Los coches que pasaban a toda velocidad por la ancha avenida a la que llegó la hicieron detenerse. Observó que casi no circulaban colectivos[6]. Debió haberlo tomado antes. Pero ¿qué colectivo?, ¿hacia dónde?, si no sabía adónde ir.

15   Estaban desarticulados[7] hacía tiempo. La mayoría de sus compañeros había caído, y los que no, estarían guardados en lugares que Andrea ignoraba, o se habían podido escapar del país. La imagen de Tito la atravesó[8] un instante pero ella no permitió que se instalara. No podía ponerse a

20 llorar por la calle, era peligroso. ¿Y Carmen? ¿Habría tenido la misma suerte que ella de llegar tarde y salvarse? Ya no tenía ninguna duda de que el operativo[9] había sido en el departamento que compartía con Carmen. Se sacudió los ojos como si con ese gesto pudiera expulsar[10] la imagen que

---

1   atravesado/-a: quer gestellt
2   la cuadra: *amer.* Häuserblock
3   girar sobre sus talones: dar la vuelta
4   angosto/-a: estrecho/-a
5   agitado/-a: *aquí* rápido/-a, inquieto/-a
6   el colectivo: *amer.* el (pequeño) autobús
7   desarticulado/-a: zerschlagen, aufgelöst
8   atravesar: *hier* vorbeiziehen (vor dem geistigen Auge)
9   el operativo: Einsatzkommando
10   expulsar a/c: etw. vertreiben

se le imponía: Carmen tironeada[1], golpeada. Una más. Sólo
quedaba ella, Andrea, pensó mientras cruzaba la avenida
Alcorta.

No conocía la callecita arbolada[2] por la que se internó[3] y
le sorprendió que girara. Apenas un par de edificios bajos y 5
casas. Casonas. Ni un bar, ni un negocio, ni un kiosco.
Andrea no conocía ese lugar, era como si un barrio mágico
hubiera brotado[4] de pronto en medio de la ciudad. Ya no
sabía si avanzaba en dirección al río o no. Las calles se
cortaban, se perdían unas en otras. Ese peculiar trazado 10
laberíntico[5], tan distinto de toda la ciudad, le produjo una
extraña sensación de irrealidad, como si no existiera, mejor
aún, como si nada de lo que vivía estuviera en verdad
pasando. Andrea en un cuento infantil con castillos,
princesas... y sin ningún ogro[6]. ¿Y el hada[7]? ¿Cuándo 15
aparecería el hada para vestirla y darle una cama y calor, y
devolverle a Tito?

En el velorio[8], antes de que ella llegara, yo ya sabía —me lo
dijo Julio, un amigo de Martín— que Marga, la chica que
salía con mi primo, estaba embarazada y que él había 20
decidido irse a vivir con ella. Mi tía puso el grito en el cielo,
¿adónde te vas a ir?, ¿a la villa[9]?, porque ellos no pensaban
darle un peso, para que estudiara sí, y para hacer deportes,
y para que saliera con sus amigos, pero no para que

---

1 tironeado/-a: erschossen
2 arbolado/-a: con muchos árboles
3 internarse: *aquí* doblar
4 brotar: *aquí* aparecer (c>zc)
5 el peculiar trazado laberíntico: *etwa* eigenartige, labyrinthische
   Straßenführung
6 el ogro: Menschenfresser
7 el hada: Fee
8 el velorio: Totenwache
9 la villa: *amer.* arme Vorstadt

arruinara su vida con una cualquiera, una degenerada¹,
porque sólo una degenerada se metía con un chico de su
edad. Pero lo que más le dolió a Martín no fue lo que
pensaba de la novia (que tiene sólo seis años más que él), ni
5 lo de la villa (que tampoco, vive en una casa humilde² en
Moreno), lo que lo destrozó³, afirmó Julio, fue que cuando
le confió lo del embarazo a su madre, en la certeza⁴ de que
iba a ayudarlo, ella le asegurara que el hijo no era de él,
que Martín era un imbécil, que todo lo que quería esa
10 putita⁵ era sacarle plata⁶.

Martín se educó en el Champagnat⁷, y mi tía —como
mamá y su otro hermano— estará contra el aborto⁸, ellos
son muy católicos. Pobre Martín, debe de haber sido muy
fuerte para él cuando entró mi tío en su cuarto con unos
15 cuantos cientos de dólares: tomá, para el aborto, le dijo, y
algo más para que se calle. Y que cómo se le podía ocurrir
hablarle de eso a su madre, debía haberle pedido el dinero
a él, son cosas de hombres. Martín no tuvo ni la posibilidad
de responderle porque, antes de que reaccionara, su padre
20 ya se había ido.

Julio no entendía lo que pudo haber desatado⁹ la crisis
que lo llevó al suicidio porque la última vez que lo vio a
Martín, él estaba decidido a usar el dinero para instalarse
con la chica en un departamento, incluso a casarse, y si sus
25 padres no lo autorizaban (era menor de edad) ya los haría
entender, por las buenas o por las malas.

---

1 degenerado/-a: degeneriert, verkommen
2 humilde: modesto/-a, simple
3 destrozar a alg.: destruir a alg.
4 la certeza: Gewissheit
5 la putita: kleine Hure
6 la plata: *amer.* el dinero
7 el Champagnat: colegio católico en Buenos Aires
8 el aborto: Abtreibung
9 desatar a/c: causar a/c

—Estaba como loco con esa mina[1] —me dijo Julio—. Yo
traté de disuadirlo[2], no es que le dé la razón a los padres,
son muy duros ellos, pero tampoco hay que exagerar, no te
vas a casar con la primera que te dice que la embarazaste
para llevarle la contra[3] a tus viejos, ¿no te parece, Ezequiel? 5

Andrea sentía frío, sed, hambre, sueño, y un inmenso
cansancio. Nada más. Ningún dolor que no fuera físico.
Podría ir a Lanús[4], pensó, tenía buenas amigas, una
compañera del colegio no le negaría alojarla[5] en su casa por
una noche. Aunque quién sabe... la gente tenía miedo, les 10
huía, no sería la primera vez que se encontrara con una
puerta cerrada. Hay que comprender, le decía Tito.
　Un grupo de personas que entraban y salían de una casa
la sorprendió en medio del barrio solitario. ¿Una fiesta un
jueves a la noche? Andrea se acercó por la vereda[6] de 15
enfrente y observó. Un inmenso porche[7]. Un hombre vestido
de negro. Coronas[8]. ¡Un velorio! Entre tanta gente ¿quién
repararía en ella[9]? Y Andrea tenía tanto frío...

Estaba recordando esa reunión familiar en la que el
hipócrita[10] de mi tío Esteban, el padre de Martín, peroraba 20
grandilocuentemente contra[11] esos asesinos que quieren

1　la mina: *amer. vulg.* la mujer
2　disuadir a alg.: jdn. umstimmen
3　llevarle la contra a alg.: protestar contra alg., contradecir a alg.
4　Lanús: una ciudad que se encuentra dentro de la zona de la capital
　　Buenos Aires
5　alojar a alg.: recibir a alg. en su casa
6　la vereda: *amer.* Bürgersteig
7　el porche: Vorhalle
8　la corona: Kranz
9　reparar en alg.: notar a alg.
10　el hipócrita: Heuchler
11　perorar grandilocuentemente contra alg.: hochtönende Reden
　　gegen jdn. schwingen

legalizar el aborto, cuando la vi entrar. Con su camperita[1] raída[2], la cabeza algo inclinada[3] hacia abajo para que nadie pudiera curiosear[4] su dolor, atravesó el salón con paso decidido, como de reina pobre, y entró directamente a la
5 capilla ardiente[5] sin saludar a nadie.

No fui yo el único que la registró. Julio, que seguía obstinado[6] en encontrar una explicación al suicidio de Martín, la miró azorado[7]. ¿La conocés?, le pregunté, y él negó con la cabeza. ¿Será ella?, susurró[8] temeroso, y
10 buscando mi complicidad, me preguntó: ¿No te parece loco que tu primo quisiera casarse con una chica así, tan... distinta? Y sin esperar mi respuesta, se despidió, como si le diera impresión[9] cruzarse con ella.

Andrea avanzó por el gran salón, disimulándose[10] entre la
15 gente. Un murmullo acalorado[11] se desprendía[12] de los diversos grupos, como si estuvieran todos discutiendo algo que no se podía decir en voz alta, quizás por respeto al muerto. Unos grandes candelabros[13] le indicaron dónde se encontraba el cadáver. Dos hombres de mediana edad y
20 una chica joven custodiaban[14] el cajón[15]. Andrea se recostó[16]

1 la camperita: *amer.* la chaqueta
2 raído/-a: abgetragen
3 Inclinado/-a: geneigt
4 curiosear a/c: mit Neugierde betrachten
5 la capilla ardiente: Trauerhalle, -zimmer
6 obstinado/-a: starrköpfig, hartnäckig
7 azorado/-a: inquieto/-a
8 susurrar: hablar bajo
9 dar impresión a alg.: *aquí* tener miedo
10 disimular: esconder
11 el murmullo acalorado: hitziges Gemurmel
12 desprender: *hier* ertönen
13 el candelabro: Kerzenleuchter
14 custodiar a/c: etw. bewachen
15 el cajón: *amer.* Sarg
16 recostarse contra a/c: sich gegen etw. lehnen

tímidamente contra la pared, esperando su turno para verlo.
Imaginó un señor mayor, con nietos y bisnietos[1], un
ricachón[2] que quién sabe a cuántos había explotado para
tener esa casa y tanta gente chupándole las medias[3] a la
familia en su velorio. Cuando los hombres salieron y sólo   5
quedó la chica, Andrea se acercó. Su corazón dio un
vuelco[4]: esa piel de seda[5], blanquísima, transparente,
luminosa[6], esos labios carnosos[7], entreabiertos[8], como si
aún quisiera decir algo, eran los de un chico que cuántos
años podría tener, ni veinte. Pobrecito. Menos que Tito.   10
  Y ahí su primera lágrima[9], silenciosa.
  ¿De qué habría muerto? No como Tito, ni la Colorada, ni
Eduardo, las lágrimas bajando por su cara, el muerto estaba
allí, en un cajón, entero, a la vista de todos sus familiares y
amigos, en tanto que sus compañeros «abatidos en un   15
enfrentamiento[10]», como escribieron en el diario, pero
mentira, porque Tito no tenía armas cuando salió de casa, y
a Eduardo y a la Colorada ya hacía diez días que los habían
chupado[11], un sonido ronco[12] soltándose de su garganta, y
arrastrando[13] poco a poco ese glóbulo espeso[14] que había   20
estado armándose[15] en Andrea desde que se llevaron a Tito,

1 el/la bisnieto/a: el/la hijo/a del nieto
2 el ricachón: pey. persona muy rica
3 chuparle las medias a alg.: etwa sich bei jdm. einschmeicheln
4 su corazón dio un vuelco: ihr blieb das Herz stehen
5 la seda: Seide
6 luminoso/-a: leuchtend, hell
7 carnoso/-a: fleischig
8 entreabierto/-a: medio abierto/-a
9 la lágrima: Träne
10 abatido/-a en un enfrentamiento: bei einer Straßenschlacht getötet
11 chupar a alg.: aquí jdn. schnappen, festnehmen
12 ronco/-a: heiser, rau
13 arrastrar a/c: hier etw. lösen
14 el glóbulo espeso: dicker Knoten
15 armarse en alg.: hier sich in jdn. ausbreiten

antes aún, desde diciembre del 75, cuando la puerta destrozada, todo patas[1] para arriba, y ellos, Tito y Andrea, huyendo del barrio, otros nombres, otra casa, las lágrimas ayudando a soltarlo[2], a desprender[3] los sonidos, agudos[4] ya,
5 de los muros internos de su cuerpo, como si entre el muerto, allí, en su cajón, y su propio cuerpo hubiera una conexión que permitía quebrar esa costra[5] dura, gris, sucia, implacable[6] que retenía[7] su llanto. La joven, a su lado, la miró un instante con curiosidad, y salió.
10 Cuando el chico y Andrea quedaron a solas, el llanto cobró vigor[8], se hizo trepidante[9], desesperado. Era como si el muerto desconocido no sólo se lo permitiera sino que hasta le pidiera que llorara otros dolores, ajenos[10].

En el velorio parecía que todos me habían elegido para
15 hacerme confidencias[11]: Julio, la chica que limpia por horas en mi estudio y que también trabaja en lo de mis tíos, mi prima. Quizás todos los que estaban en el velorio hablaran de lo mismo, disputándose la clave[12] sobre el suicidio de Martín. Lo cierto es que yo tenía un gran archivo de datos
20 (algunos que se contradecían entre sí), ninguna idea de por

---

1 la pata: *fam.* la pierna
2 soltar (o>ue) a/c: etw. loslassen
3 desprender a/c: etw. ausstoßen
4 agudo/-a: hoch (Klang)
5 la costra: Kruste
6 implacable: unversöhnlich, unerbittlich
7 retener (e>ie) a/c: zurückhalten
8 cobrar vigor: recibir fuerza
9 trepidante: bebend, zitternd
10 ajeno/-a: fremd, fern
11 la confidencia: vertrauliche Mitteilung
12 disputar la clave sobre a/c: discutir sobre la razón de a/c

qué se suicidó mi primo y un nudo en la garganta[1] imposible de aflojar[2].

—Fue ella quien lo dejó —me susurró Caro, mi prima, cuando su llanto se hizo escuchar en el salón—, debe estar muerta de culpa. La voy a echar, ¿cómo se atreve[3] a venir aquí?

Pero no se movió, tampoco mi tía, que, atrincherada[4] contra la pared, asomando[5] apenas la cabeza, la espiaba[6] sin decidirse a entrar. Mi madre fue a socorrer[7] a su hermana, y también se quedó allí, las dos pegadas al suelo, inmóviles, incómodas, y ese llanto hondo[8], ululante[9], que se expandía por el salón, conmoviendo hasta al más indiferente.

Yo, aunque había entendido poco y nada de la historia, me puse inmediatamente de parte de la chica. Gracias a su dolor —no podía ser fingido[10]— pude dejar de lado las especulaciones, y dar rienda suelta[11] al mío. Martín se había matado. No lo vería nunca más.

Andrea levantó los ojos y vio a dos mujeres en la puerta, mirándola asustadas, como si no se atrevieran a entrar hasta que ella se fuera. Era injusto que acaparara[12] al muerto, se dijo, pero —la indignación[13] la ganó— ¿acaso pudo ella llorar

1   el nudo en la garganta: Kloß im Hals
2   aflojar: lockern
3   atreverse a/c: sich etw. trauen
4   atrincherarse: sich verschanzen
5   asomar a/c: levantar a/c
6   espiar a alg: jdn. ausspionieren
7   socorrer a alg.: ayudar a alg.
8   hondo/-a: tief (Klang)
9   ulular: heulen
10   fingir a/c: simular a/c
11   dar rienda suelta a a/c: etw. freien Lauf lassen
12   acaparar a alg.: ocupar a alg.
13   la indignación: Empörung

sobre sus muertos? No, ni siquiera pudo verlos, no tuvo la suerte que tenían esas mujeres que la querían intimidar.

Era un velorio, por qué no llorar, ella podría ser una amiga secreta del muerto, no por eso menos importante, iba
5 a llorar todo lo que le diera la gana. Pero se calló. Una última mirada al chico y una sonrisa triste: perdoná mi bronca[1], al fin, vos qué culpa tenés de ser un muerto legal. Andrea dejó la capilla ardiente.

Ella salió con la cabeza levantada, como si el dolor de verlo
10 a Martín muerto le hubiera dado coraje[2], y en lugar de irse, como todos pensábamos —era muy violenta la situación—, se derrumbó[3] en uno de los sofás, y perdió su mirada al rojo vivo en un punto inubicable[4]. Con la cara expuesta a quien quisiera verla, ella desnudaba un dolor lacerante[5], crudo[6],
15 que contaminaba. Quien más, quien menos, todos debían estar pensando —como yo mismo— que tal vez hubieran podido hacer algo por Martín. Por él ya era imposible, pero Marga estaba viva, y yo, en ese mismo instante, decidí que haría lo que estuviera a mi alcance[7] para ayudarla.
20 Le ofrecí un café, ella asintió en silencio. Se lo serví. Al tío Esteban lo vi avanzar, morosamente[8], pero a unos pocos pasos de Marga, cambió de rumbo[9]. Mi prima se paró frente a ella, y yo la fulminé[10] con la mirada. Como si conociera las

---

1 la bronca: Zorn
2 el coraje: el valor
3 derrumbarse en a/c: dejarse caer en a/c
4 inubicable: que no se puede encontrar
5 lacerante: stechend
6 crudo/-a: brutal
7 hacer lo que está al alcance: alles in der Macht stehende tun
8 moroso/-a: lento/-a
9 el rumbo: la dirección
10 fulminar a alg. con la mirada: matar a alg. con la mirada

intenciones de Carolina, ella comenzó a llorar, suavemente. Tomé a mi prima del brazo y la conminé[1] a alejarse:

—Ni una palabra ahora —le dije al oído—. Yo me voy a ocupar de ella.

—Echala —me ordenó Caro en un susurro crispado[2]—Es 5 un papelón[3] esta mujer aquí. La gente no sabe que Martín se suicidó, mucho menos que salía con ésa.

No pudo haberla escuchado (ya nos habíamos alejado bastante), sin embargo su largo gemido[4] pareció acusar el impacto[5] de las palabras de mi prima. Me senté a su lado y, 10 sin pensarlo, fue un gesto natural, le acaricié[6] la cabeza y la acerqué suavemente contra mi hombro. Ella se dejó ir a mí, y poco a poco su llanto creció, como si la proximidad de mi cuerpo la ayudara a liberar un dolor profundo y brutal, largamente encerrado. Y entonces yo me puse a llorar como 15 no recuerdo haberlo hecho nunca, lloraba por Martín, y por ella, y por esa familia de mierda, la mía, que los había jodido[7] tanto, y por mí, por mi cobardía[8].

—Ezequiel —era la voz de mi madre alzándose[9] en medio de la sala—. Ezequiel. 20

Tomé conciencia[10] del espectáculo que estábamos dando, cuando, sin dejar de abrazarla, volví la cabeza hacia mi madre y vi esos ojos como dagas[11] sobre nosotros. Mamá me hacía señas crispadas para que me acercara. Al interrumpir

---

1 conminar a/c a alg.: pedir (e>i) a/c a alg.
2 crispado/-a: gereizt, verkrampft
3 el papelón: Blamage
4 el gemido: Stöhnen, Seufzer
5 el impacto: el efecto
6 acariciar a alg.: jdn. streicheln
7 joder a alg.: *fam.* destruir a alg.
8 la cobardía: Feigheit
9 alzarse: levantarse
10 tomar conciencia de a/c: sich etw. bewusst werden
11 el daga: Dolch

mi llanto, ella también se fue calmando, la apoyé cuidadosamente contra el respaldo[1] del sofá y me levanté.

—Me querés decir qué hacés —sorprendida, indignada[2], mamá—. ¿La conocías vos? Nunca me lo dijiste. Me
5 ocultaste que los veías —pensé que era extraño abrazarse y llorar con una desconocida pero no respondí nada—. Carolina dijo que vos le ibas a pedir que se vaya, ¿lo vas a hacer o no? Porque si se lo dice Esteban va a ser peor.

Allí estaban mis tíos, mi prima, y todo ese ejército[3] de
10 chismosos[4], pendientes[5] de mí. Me hubiera gustado mandar a todos a la mierda, decirles todo lo que hace años callo por comodidad, para evitar esas frases-sentencia[6] a las que son adictos[7], y que cada día me repugnan[8] más, pero no quería perturbarla[9] más a ella con un escándalo de familia.
15 —Sí, mamá, ahora me la llevo.

Había sido sólo un hombro para apoyarse, un cuerpo que le transmitía calor, que la abrazaba, y luego alguien que lloró con ella, por su muerto seguramente. No se preguntó quién era hasta que el muchacho le propuso acompañarla, tomar
20 algo juntos, ¿comiste vos hoy?, te va a hacer bien airearte[10] un poco, si querés te acompaño a despedirte de Martín y nos vamos, dale[11].

1 el respaldo: Rückenlehne
2 indignado/-a: empört
3 el ejército: Heer
4 el chismoso: Klatschmaul
5 estar pendiente de alg.: *aquí* mirar a alg., observar a alg.
6 la frase-sentencia: Urteil, Machtspruch
7 ser adicto/-a a a/c: depender de a/c
8 repugnar a alg.: jdn. abstoßen
9 perturbar a alg.: confundir a alg., irritar a alg.
10 airearse: salir, tomar aire
11 dale: *arg.* vale

¿Sería pariente[1] del muerto?, se preguntó Andrea, ¿un amigo? Debía confundirla[2] con alguien, si no, ¿por qué tanto cariño? Andrea observó entonces esas miradas hostiles[3], ávidas[4] algunas, despectivas[5] otras, se subió el cierre de la campera y se prendió del brazo de su nuevo amigo: Ya me despedí, vamos. 5

—No quiero hablar de eso —contestó a una pregunta de Ezequiel, mientras comían unos lomitos[6] en un bar—. A ver si me pongo a llorar otra vez y todos los que están en el bar me miran con odio, como en el velorio. 10
Era impropio[7] ponerse a reír, cuando él la suponía —lo dedujo[8] por las palabras de consuelo[9] que le dijo en el auto— la novia del chico muerto. Pero la escena que acababa de vivir, la que estaba viviendo en ese mismo momento, le pareció tan disparatada[10] que su risa estalló[11] y 15 Ezequiel, como antes en el llanto, la acompañó con sus carcajadas[12]. ¡Era tan simpático! A Andrea le daba culpa mentirle tan descaradamente[13], pero la acallaba[14] con cada bocado de comida caliente.

---

1 el/la pariente/a: el miembro de la familia
2 confundir a alg. con alg.: jdn. mit jdm. verwechseln
3 hostil: feindlich
4 ávido/-a: gierig
5 despectivo/-a: verächtlich, herablassend
6 el lomito: *arg.* un sándwich con carne
7 impropio/-a: unpassend
8 deducir a/c: etw. folgern
9 el consuelo: Trost
10 disparatado/-a: absurdo/-a
11 estallar: losbrechen
12 la carcajada: la risa
13 descarado/-a: dreist, frech
14 acallar: tranquilizar, calmar

—¡La cara que tenían! —festejó[1] Ezequiel—. Son todos unos grandes hijos de puta. Bueno, no te lo voy a contar a vos —y su risa se cortó abruptamente.

Apoyó entonces su mano sobre la de Andrea y mirándola
5 a los ojos, en voz muy baja, le dijo: Podés contar conmigo, Marga, para lo que necesites.

Andrea pensó que sería tan bueno creérselo, y pedirle todo lo que ella necesitaba: una casa donde esconderse, comida, sueño. Pero cómo sugerirlo desde Marga, de quien
10 ella no tenía ni idea y a quien, sin proponérselo, estaba suplantando[2].

Por si acaso no le dije que sabía lo del embarazo (tampoco yo lo tenía claro, era en ese punto que las versiones diferían más), sólo generalidades: que Martín la quería mucho, que
15 la familia se oponía, lo que no me extrañaba porque mi tía siempre fue una bruja[3], que ella era muy linda, lo que es cierto. Y ella entonces me hizo una sonrisa que me despertó una inmensa ternura[4], casi la abrazo de nuevo en medio del Dandy. No es muy linda, pero es dulce, tierna y una mina
20 de verdad, qué tonto Martín matarse teniendo una mujer así.

Me pidió que habláramos de cualquier cosa, demasiado dolor ya esos últimos días, y yo le conté del estudio, de los primeros casos laborales que estoy resolviendo, y me
25 embalé[5] y seguí hasta que la vi cabecear[6].

---

1 festejar: *aquí* alegrase
2 suplantar a alg.: jdn. unbefugt vertreten
3 la bruja: Hexe
4 la ternura: Zärtlichkeit
5 embalarse: sich hinreißen lassen
6 cabecear: dormirse

Le ofrecí llevarla a su casa y puso tal cara de angustia[1] que me partió[2] el alma. No quise preguntarle qué le pasaba, supuse un gran conflicto familiar que ella no podría enfrentar esa noche, o que no se atrevería a mostrar donde vivía a alguien de la familia de Martín, después del escándalo que armó[3] mi tía cuando se presentó en su casa.

—No me importa que sea lejos. Moreno, ¿no?

Lanús, me contestó ausente y luego se corrigió: sí, Moreno, como si no supiera dónde vivía, o ya no diera más. Entonces se me ocurrió ofrecerle que se quedara en mi estudio, dormiría antes, y yo la llevaría mañana o pasado. Como me miraba fijo, y muy seria, temí que interpretara mal.

—Yo te dejo y me voy, no te preocupes, ya te dije que todavía vivo en la casa de mis padres.

No pensé que aceptaría pero me dijo: Bueno, dale.

La vi tan desvalida[4], tan chiquitita, que tuve que controlarme para no abrazarla ahí mismo, en el Dandy. Y del estudio me fui rápido porque me pasó algo más fuerte todavía, cuando la vi allí, al pie de la cama, con la remera[5] que le presté para que durmiera cómoda, los labios apretados, y los ojos todavía rojos, ese dolor compacto, sentí un inmenso deseo de meterla en la cama yo mismo, y taparla bien, y deslizarme[6] a su lado y darle calor, y consuelo, y acariciarla suavemente toda la noche. Tan lastimada, tan querible[7], tan sola y yo con tantas ganas de quererla, de cuidarla. Pero sólo alcé mi mano hacia su pelo en un gesto rápido y le dije:

1 la angustia: un gran miedo
2 partir a/c: romper a/c
3 armar: *aquí* hacer
4 desvalido/-a: schutzlos, hilflos
5 la remera: *arg.* la camiseta
6 deslizarse: sich gleiten lassen
7 querible: del verbo *querer*

—Descansá, tratá de dormir, mañana te traigo medialunas[1] calentitas. Y no te preocupes, ya les dije a los chicos que trabajan conmigo que no vengan mañana. Te podés quedar acá hasta que estés mejor.

5 Sí, me quedo hasta que el mundo cambie totalmente, hasta que ganemos, pensó Andrea pero sólo dijo un «gracias» que Ezequiel no llegó a escuchar porque ya había cerrado la puerta del departamento. Hasta siempre no, pero al día siguiente era viernes, se podría quedar hasta el domingo.
10 Aprovechar esos días para encontrar adónde ir. ¿Y si le dijera la verdad a Ezequiel, y le pidiera ayuda?, parecía un buen pibe[2]. No, imposible. Ella no era la novia de su primo. Y un pibe de una familia que vivía en ese lugar no podía estar de acuerdo con ellos. ¿Y si la guardaba ahí y, cuando
15 se enteraba[3] de quién era, la denunciaba? Bueno, si no era así, sería de otro modo, ¿por qué iba a salvarse ella cuando sus compañeros no? Casi quería que sucediera de una vez por todas, pensó justo al borde del sueño[4].

Eran las siete cuando se despertó sobresaltada[5] por una
20 pesadilla, miró alrededor y se dio cuenta de que estaba en el estudio de Ezequiel. Evocó su sonrisa tierna y se dijo que probablemente él la ayudaría y no la denunciaría, pero con qué derecho iba ella a comprometerlo[6] y que terminara como Tito, o como Carmen. Se vistió rápido y se fue.

---

1 la medialuna: *arg.* Hörnchen, Croissant
2 el/la pibe: *amer.* el/la chico/a
3 enterarse de a/c: saber de a/c
4 al borde del sueño: al dormirse
5 sobresaltado/-a: asustado/-a
6 comprometer a alg.: jdn. kompromittieren, jdn. in etw. hineinziehen

II

Madrid, 2005

Aunque no es testigo[1], ni tampoco abogado en ese juicio[2], Ezequiel ha viajado especialmente a Madrid para estar presente. Tres días hace que se sienta entre el público de la sala de la Audiencia Nacional española[3], pero aún le cuesta 5 creer que sea verdad lo que está viendo. A pocos metros de él, unas sillas más adelante, está sentado Scillingo, el marino[4] «arrepentido[5]», Ezequiel puede ver sus movimientos: cómo asiente[6] con la cabeza cuando declaran[7] los testigos, cómo se levanta a hablar con su abogado, cómo 10 se toca a cada rato el zapato. Que se juzgue públicamente a uno de los asesinos[8] era inimaginable hace pocos años. Y que se escuche a sobrevivientes[9] de distintos campos de detención[10] (y no sólo a los que tuvieron relación con el ex marino al que juzgan[11]) para demostrar cuál era el plan 15 siniestro[12] de las tres armas[13], es casi increíble. «Y esto es sólo el principio, Fernanda —le dijo, eufórico, ayer a su mujer por teléfono—. Acordate de lo que te digo, en un tiempo los tenemos a todos en el banquillo[14]. Y en la Argentina.»

---

1   el/la testigo: Zeuge/in
2   el juicio: Gerichtsverfahren
3   la Audiencia Nacional española: Nationaler spanischer Gerichtshof
4   el marino: Marinesoldat, -offizier
5   arrepentido/-a: reuevoll
6   asentir (e>ie): decir que sí
7   declarar: hablar como testigo en un juicio
8   el/la asesino/a: Mörder/in
9   el/la sobreviviente: Überlebender/e
10   el campo de detención: Häftlingslager
11   juzgar a alg.: richten, jdn. verurteilen
12   siniestro/-a: muy malo/-a
13   las tres armas: Se refiere a las armas en el mar (la Armada), en la tierra (el Ejército) y en el aire (la Fuerza Aérea).
14   el banquillo: Anklagebank

Le gustaría que Fernanda hubiera podido estar allí con él para ahuyentar[1] esta congoja[2] imprecisa y loca que crece y se instala en Ezequiel, inoportuna[3], aguafiestas[4]. Creía tenerla controlada... Ya no más su corazón latiendo[5] a
5 golpes desparejos[6] cuando, por la calle, de un pelo largo, castaño, creía descubrirla a ella, viva; o peor aún, cuando pretendía inventarla en el testimonio[7] de algún sobreviviente. Todo ayudó a salir de esa obsesión: el psicoanálisis, Fernanda, algunos logros[8], los chicos, y el
10 simple paso del tiempo.

Sin embargo, ahí está ahora Ezequiel, veintisiete años después, reprochándose[9] no haber podido salvarla aquella noche, estar tan ciego como para no sospechar lo que le pasaba. Una culpa húmeda, pegajosa[10], enredándosee[11] en
15 jueces y abogados, testigos y público, pesando sobre Ezequiel otra vez, como durante tantos años. Tal vez porque anoche le habló de ella a su colega español.

«Ella» es un nombre para Ezequiel, el de la chica que durmió en su estudio en 1978. Alguien muy importante en
20 su vida —le explicó anoche al abogado—, fundamental, porque antes de conocerla, él vivía en un túnel, de oro pero túnel al fin, a oscuras, y por ella pudo salir a la superficie[12], a la luz, en aquellos años de sombras en los que vivían.

---

1 ahuyentar a a/c: etw. verscheuchen, vertreiben
2 la congoja: el dolor
3 inoportuno/-a: unangebracht, unpassend
4 el aguafiestas: Spielverderber
5 latir: klopfen, schlagen
6 desparejo/-a: distinto/-a
7 el testimonio: Zeugenaussage
8 el logro: el éxito
9 reprocharse a/c: sich etw. vorwerfen
10 pegajoso/-a: klebrig, anhaftend
11 enredarse en a/c: sich in etw. verfangen, verheddern
12 la superficie: Oberfläche

Ezequiel había forzado[1] —ya ni recuerda cómo— a su tía a
que le diera la dirección de la novia de su primo y comprobó
con sus propios ojos que no era «ella». Recordó entonces lo
que ella le había dicho y fue a buscarla a Lanús. Pero llegó
tarde. Cuando el dueño de uno de los bares en los que   5
entró, le contó en un murmullo[2] que la noche anterior había
habido un operativo[3] y se habían llevado a una chica como
la que él describía, no tuvo dudas. En cada hábeas corpus
que presentó, en cada caso del que se ocupó, ella estaba
ahí. Con otro nombre, otras historias. No le costó imaginar   10
por qué lloraba ella en el velorio de su primo. Ni tampoco,
desgraciadamente, suponer su destino: desaparecida.

—Pero cómo lo sabes, si ni siquiera conoces su nombre,
no puedes haberla visto en una lista de desaparecidos, ni
reconocerla en un testimonio —le dijo Manuel, el abogado   15
que representa a sus clientes en los juicios de Madrid.

Efectivamente, ni su nombre sabe, lo que no le ha
impedido buscarla aquí y allá, para desembocar[4] siempre
en un callejón sin salida. Y no importa que ella no sea
alguien de su familia, ni una amante, ni una amiga, ni que   20
apenas la haya conocido —como le dice su mujer con toda
razón—, Ezequiel no es capaz de evitar ese amorfo[5]
desasosiego[6] que le ha producido, y le produce ahora
mismo, no saber adónde la llevaron, qué le hicieron, dónde
está su cadáver, no conocer el nombre de sus asesinos...   25

1 forzar a alg.: jdn. zwingen
2 el murmullo: Gemurmel, Geflüster
3 el operativo: Einsatzkommando
4 desembocar en a/c: in etw. münden
5 amorfo/-a: formlos, *hier*: nicht greifbar, verstehbar
6 el desasosiego: la inquietud

Estoy temblando[1] como una hoja, no voy a poder declarar, no creo que me salga la voz, estoy mareada[2], le voy a decir al abogado que aplace[3] la audiencia para mañana. Pero ¿cuál es la diferencia?, ¿la toga[4] negra de estos jueces, sus 5 caras adustas[5]?, ¿que esta sala está lejos, muy lejos, en otro país? Eso debería aliviarme[6]. Voy a vomitar[7], me quiero ir. Pero no puedo, no debo. Ellos sólo tienen mi voz, y las de los que sobrevivimos.

Tampoco fue fácil la otra vez y lo hice. Tengo la fórmula: 10 es otra la que está allí, es Andrea pero no yo. Pasan las imágenes como fotogramas[8] de una película y yo me limito[9] a describir objetivamente: vi a tal compañero, a tal otro, sucedieron tales hechos, lo más importante, sin dolor, sin odio. La memoria activa y anestesiada[10]. Me llaman. Me 15 pongo de pie y avanzo.

Pese a su tono monocorde[11], a la escasa[12], casi nula emoción con que la mujer relata[13] los hechos, una vibración extraña sacude[14] la sala cuando cuenta lo que presenció[15] en el campo de detención. Hechos, nombres, una sobriedad[16]

---

1 temblar: zittern
2 estar mareado/-a: sentirse (e>ie) mal
3 aplazar a/c: etw. verschieben
4 la toga de juez: Robe des Richters
5 adusto/-a: poco amable
6 aliviar a alg.: jdn. erleichtern
7 vomitar: sich übergeben
8 el fotograma: Standbild
9 limitarse a a/c: sich auf etw. beschränken
10 anestesiado/-a: narkotisiert
11 monocorde: monótono/-a
12 escaso/-a: muy poco/-a
13 relatar a/c: contar (o>ue) a/c
14 sacudir a alg.: jdn. schütteln
15 presenciar a/c: sentir (e>ie,i) a/c
16 la sobriedad: Sachlichkeit

impecable[1], sin duda labrada[2] por el esfuerzo[3], admira Ezequiel.

Nada en su actitud, en su voz evoca[4] ese llanto que Ezequiel escucha detrás de sus palabras, el de ella entonces. Como si la sola evocación pudiera derribar[5] el dique de contención[6] de la mujer, que por favor estalle[7], que se alivie. Pero esas lágrimas que ya no puede contener son las de Ezequiel, la mujer termina su testimonio sin que su tono se altere[8] y sale de la sala.

Lo hice bien, no me olvidé de nada, me dicen mis compañeros, me abrazan, y yo que gracias, gracias, pero que ahora entren en la sala, yo en un rato voy, estoy bien, de veras[9], sólo necesito sentarme aquí, a solas, serenarme[10].

Ezequiel no puede concentrarse en la declaración del fiscal[11] argentino y sale de la sala. En el vestíbulo[12] lo atrapa[13] ese llanto quedo[14], como un río corriendo por su cauce[15], tan distinto al de ella entonces. Sus ojos impacientes buscan, y ahí, sentada en un banco, está ¿la testigo?, él sólo la vio de atrás. Gana a grandes pasos la distancia que lo separa, se

---

1   impecable: sin error, sin falta
2   labrar a/c: causar a/c
3   el esfuerzo: Anstrengung, Mühe
4   evocar a/c: recorder (o>ue) a/c
5   derribar a/c: etw. einreißen, niederreißen
6   el dique de contención: Staudamm, Schutzmauer
7   estallar: bersten
8   alterar: cambiar
9   de veras: de verdad, en serio
10   serenarse: calmarse
11   el/la fiscal: Staatsanwalt/anwältin
12   el vestíbulo: Eingangshalle
13   atrapar: erfassen
14   quedo/-a: silencioso/-a
15   el cauce: Flussbett

para frente a ella y la mira sin tapujos[1], sin el menor disimulo, quiere alzarle la cara, pero no es necesario porque ella ahora lo mira, sorprendida, el llanto se interrumpe, como tragándose[2] a sí mismo.

5 —¿Sos vos? —pregunta ansioso[3]—. Soy Ezequiel —dice torpemente[4] porque ella no debe acordarse—, el primo de Martín, el que creí tu novio.

La sonrisa de Andrea, cuando se pone de pie, se abre a una risa clara, espléndida[5], a la que Ezequiel se suma[6], 10 cuando ella estira los brazos[7] hacia él. Una carcajada de escándalo. Un ataque de risa, como se decía cuando eran chicos, que los sacude en el abrazo. La vida.

---

1 sin tapujos: sin disimular, abiertamente
2 tragar: verschlingen
3 ansioso/-a: intranquilo/-a
4 torpe: ungeschickt
5 espléndido/-a: prächtig, herrlich
6 sumarse a a/c: unirse a a/c, juntarse con a/c
7 estirar los brazos hacia alg.: jdm. die Arme entgegen strecken

1. Lee la primera parte del cuento (p. 20–32, l. 6) y presenta a Andrea.
2. Antes de seguir leyendo: explica por qué Andrea, al ver al joven muerto, rompe a llorar.
3. Sigue leyendo hasta el final y resume el cuento entero.
4. Analiza cómo la autora genera empatía con Andrea en el lector teniendo en cuenta aspectos de la técnica narrativa (perspectiva narrativa, lenguaje) y aspectos del contenido.
5. Explica la frase «[A]ntes de conocerla, él vivía en un túnel, de oro pero túnel al fin» (p. 37, l. 21–22).
6. Juzga el comportamiento de la familia frente a Martín y su relación con Marga.
7. Trabajad en grupos a tres personas e imaginad una discusión entre Ezequiel y sus padres sobre los conflictos en la familia. Antes de discutir cada uno tiene que prepararse para su papel elaborando su punto de vista y los argumentos apropiados.

Siete noches de insomnio[1]

—Vaya cara tienes, cielo —le dijo Ramón esa mañana—, se te ve agotada.

—Duermo mal últimamente —le respondió Laura.

—Toma píldoras[2] para dormir.

5   Pero Laura no quiere. Esas horas de insomnio y silencio las está aprovechando bien.

No fue la primera, ni la segunda noche, después que Laura reconoció a Pepón en la casa de su vecina, que se lo ocurrió la idea de matarlo.

10   Al principio fueron sólo imágenes, un abrirse la tapa[3] de la memoria, sin su permiso, y saltar en medio de la noche, en su cuarto de Valencia, veinti... ¿cuántos años después? la camilla[4], ella desnuda y la electricidad sacudiéndola[5], esa voz de pájaro exaltado interrogándola, y ella: no sé, no sé,

15 Pajarito cruzándole la cara de un bofetón[6]: hablá, basura. Laura con los ojos cerrados con fuerza en la oscuridad de su dormitorio de Valencia, como los cerró aquella noche en la celda[7], cuando aquellas otras manos —que aún no sabía que eran de Pepón— se metieron por abajo de su pulover, y

20 acariciaron suavemente su espalda, la boca en su oreja: te

---

1   el insomnio: Schlaflosigkeit
2   la píldora: Tablette, Pille
3   la tapa: Deckel
4   la camilla: Krankenbahre, Trage
5   sacudir a alg.: jdn. schütteln
6   el bofetón: kräftige Ohrfeige
7   la celda: Zelle

quiero, nena[1]. Laura flaquita[2] y lastimada[3], temblando, que
la quiera sí, que alguien por favor la quiera en ese infierno[4]
donde la llevaron. Las manos tibias de Pepón dándola
vuelta en el catre[5], despacito, como si ella fuera una
muñeca[6] de porcelana que se pudiera quebrar, qué te 5
hicieron, pobrecita, besos suaves en el cuello, en el pecho,
la lengua lamiendo[7] sus heridas, mi chiquita, linda, yo te
voy a curar[8].

La segunda noche de insomnio pudo verlos nítidamente[9],
a los dos, a Pepón y a Pajarito, sus tenebrosas[10] imágenes 10
violentando[11] la atmósfera clara de su casa, tantos años
después, porque si bien aquella noche, y probablemente la
siguiente, cerró los ojos cuando Pepón entró en su celda,
después ya no. Ella podría dibujar con precisión sus labios
finitos, sus dientes blanquísimos, la ceja[12] izquierda 15
levemente alzada[13], los ojos negros y brillantes, y reconocer
su voz entre miles de voces: te quiero, nena; como la de
Pajarito: hablá, pendeja[14] de mierda, su cara feroz[15] y el odio
chorreándole[16] como baba[17] cuando la torturaba[18].

1   el/la nene/-a: el/la chico/-a
2   flaco/-a: muy delgado/-a
3   lastimado/-a: verletzt
4   el infierno: Hölle
5   el catre: Pritsche, Feldbett
6   la muñeca: Puppe
7   lamer: (ab-)lecken
8   curar a alg.: jdn. heilen
9   nítido/-a: scharf
10 tenebroso/-a: oscuro/-a
11 violentar: *aquí* interrumpir, destruir
12 la ceja: Augenbraue
13 alzar: levantar
14 el/la pendejo/a: el/la tonto/a, el/la estúpido/a
15 feroz: cruel, violento
16 chorrear: triefen, rinnen
17 la baba: Geifer, Sabber
18 torturar a alg.: jdn. foltern

Aunque el otro día Pepón estaba de perfil[1], arreglando el cable de una plancha[2], lo reconoció de inmediato. Su vecina, Pilar, le había dicho: «El electricista es muy cachondo[3], no sabes lo que me ha hecho reír. Y muy eficiente, me está arreglando todo lo que anda mal en casa. ¿A que es guapo todavía? Tiene sus años, pero cuando sonríe, parece un chaval[4]». Pilar había abierto la puerta de la cocina de su piso para que Laura lo mirara: «Ah, pero si es de tu tierra».

Y fue verlo y saltar, como un gato negro y salvaje, a los tiempos del espanto[5]. Arrugas[6] profundas en su rostro[7], pelo gris, qué gracioso, pensó Laura, ahora es Pepón el canoso[8].

Diecisiete años tenía Laura cuando se le pintó de blanco el pelo. No sabe cuándo exactamente (los únicos espejos que le devolvían su imagen en el campo de detención[9] eran los ojos enamorados de Pepón, o los siempre tan odiándola de Pajarito), tampoco si ese encanecer[10] súbito se lo produjo la electricidad sacudiendo su cuerpo en la camilla de tortura, o esa otra electricidad deseante y deseada en el catre de su celda.

Fue la tercera noche después del reencuentro, cuando las caras de Pepón y Pajarito se sucedían[11] una a la otra en su noche de Valencia, se mezclaban, y la voz chillona[12]:

1 estar de perfil: im Profil zu sehen sein
2 la plancha: Bügeleisen
3 cachonado/-a: gracioso/-a
4 el/la chaval/a: el/la joven
5 el espanto: Schrecken, Entsetzen
6 la arruga: Falte
7 el rostro: la cara
8 canoso/-a: grauhaarig
9 el campo de detención: Häftlingslager
10 encanecer (c>zc): ergrauen
11 suceder: seguir (e>ie,i)
12 chillón/chillona: schrill

habló, basura, no lograba tapar la voz susurrada[1]: te quiero, nena, cuando Laura se preguntó, por primera vez en veintitantos años, a quién odiaba más: si a Pepón o a Pajarito.

La respiración acompasada de Ramón la tranquilizó, estaba con él, lejos pero muy lejos de esos dos canallas[2], en otro país, en otra época. Ramón sonrió dormido, y ella pensó qué distintos los sueños de su marido dormido a las pesadillas[3] de ella despierta.

Un par de veces nada más, años atrás, Laura le habló a Ramón del campo de detención, el ruido de los grilletes[4] en la escalera, el lugar donde los torturaban, comentarios obscenos y gritos lacerantes[5] mezclándose con la música de la radio, la voz cascada[6] de Pajarito, sus insultos[7], sus cachetadas[8], y esa tarde lloraron los dos hasta saciarse[9]. No lo mencionaron más (ella se lo había pedido) pero cuando tiene miedo y se despierta gritando, o en tantos otros momentos que las heridas se abren, Ramón la abraza y Laura sabe que él se acuerda de lo que le contó de Pajarito.

De Pepón nunca le habló, ni podría hablarle, ni llorar fuerte con Ramón, para luego dejarse rodar[10] a esa vida cálida, ese contar con el otro, y apoyarse y elegirse una y otra vez y apostar[11] al amor. Elegirse entre todos los hombres y todas las mujeres libres del mundo. ¡Tan distinto!

1	susurrar: hablar bajo
2	el canalla: Schurke, Schuft
3	la pesadilla: Albtraum
4	el grillete: Fußfessel
5	el grito lacerante: grellender Schrei
6	cascado/-a: brüchig
7	el insulto: Beschimpfung, Beleidigung
8	la cachetada: Ohrfeige
9	saciarse: *aquí* no poder más
10	rodar (o>ue): *hier* sich hingeben
11	apostar (o>ue) a a/c: auf etw. wetten

Diecisiete años tenía entonces, apenas asomándose[1] a la vida, y de pronto la esclavitud[2], el tormento[3] cotidiano, tanta pero tanta locura. Ella esperaba en silencio aquellas manos tibias sobre su cuerpo lastimado, aquellas caricias
5 que fueron creciendo poco a poco, escandidas[4] por palabras amorosas. Hasta en eso fue cruel Pepón, no la violó[5], no la poseyó ni la primera, ni la segunda vez, no, la doró[6] lentamente, le dio tiempo a su cuerpo de mujer sin estrenar[7], de llaga[8] viva, a desear otro cuerpo, aquella pasión en la
10 que se enroscaban[9] y se desesperaban y entonces no había chupadero[10], ni Pajarito, ni interrogatorios, ni picana[11], ni traslados[12], sólo dos cuerpos vivos intentando abolir[13] la muerte que se cernía[14] día a día sobre Laura y sus compañeros.

15 Odio más a Pepón, se respondió, sin ninguna duda, la cuarta noche, porque cuando evoca a Pajarito, sólo odia a Pajarito, y cuando evoca aquellas noches de sexo y ternura... ¡y hasta proyectos!, no sólo odia a Pepón, se odia tanto pero tanto a sí misma.

20 Un día, cuando todo pasara —soñaba en voz alta Pepón—, ellos se irían a vivir juntos, en una casa frente al

---

1 asomarse: mostrarse (o>ue), aparecer (c>zc)
2 la esclavitud: Sklaverei
3 el tormento: Folter
4 escandido/-a por a/c: acompañado/-a por a/c
5 violar a alg.: jdn. vergewaltigen
6 dorar a alg.: anbräunen, *hier* verführen
7 la mujer sin estrenar: Jungfrau
8 la llaga: la herida
9 enroscarse: sich zusammenrollen
10 el chupadero: nombre de una prisión militar secreta en la Argentina de los años 1970
11 la picana: *amer.* elektrischer Knüppel
12 el traslado: Verlegung
13 abolir a/c: evitar a/c
14 cernerse sobre alg.: über jdm. schweben

mar, donde él pediría que lo destinaran[1]. Laura le había agregado[2] un jardín lleno de plantas y flores, al que sujetarse cuando los gritos de sus compañeros la taladraban[3], y los miércoles, sobre todo los miércoles, cuando se decidía a quiénes iban a trasladar.

Laura no creía que pudiera salir nunca, cualquier miércoles sería ella quien bajara con los otros. Y nunca más. Pero a Pepón no le gustaba que se lo dijera, que no, que ella iba a salir.

Si la quería tanto, y sufría por ella, que la sacara de ahí, le pidió a Pepón. Y él, no puedo, Laurita, es imposible, nos matarían a los dos. Pero haría lo que estuviera en sus manos para que no la lastimaran[4] más,

le prometió. Y como al cabo de un tiempo, a ella casi no la sacaban para interrogarla, pensó que Pepón —aunque no se lo confesara por temor a que ella cantase[5]— les había dicho que Laura no sabía nada, que no conocía a los montoneros[6] por los que le preguntaban, en serio, Pepón, no tengo idea, te lo juro. Ella formaba parte de una organización estudiantil, hacían protestas, asambleas[7], pero no tenían armas. Cuando la fueron a buscar a su casa, y cortaron todo el tráfico, con cuatro automóviles, y Laura vio el enorme despliegue[8] para llevársela sólo a ella, estuvo segura de que la habían confundido con otra persona. Pero nunca pudo convencerlos. Pajarito no le creyó. Pepón sí le creía, pero él no participaba en los interrogatorios, era sólo

1 destinar a alg.: jdn. versetzen
2 agregar a/c: añadir a/c
3 taladrar a alg.: jdn. durchbohren
4 lastimar a alg.: hacer daño a alg.
5 cantar: singen, *hier* verraten, auspacken
6 los montoneros: una organización guerillera argentina durante la dictadura
7 la asamblea: la reunión
8 el despliegue: Aufmarsch

un oficial de mantenimiento[1], por eso no podía responderle cuando Laura le preguntaba adónde iban los que trasladaban, si era cierto que los llevaban a un campo en el sur para rehabilitarlos, o los asesinaban. Y él: que no sabía,
5 que tenía una buena relación con sus superiores, pero que tampoco se creyera que le decían todo.

Y si ahora la vida le daba la oportunidad de preguntárselo, de hacerlo pagar, ¿por qué desperdiciarla[2]?, se preguntó la cuarta noche. Pepón está ahí, en Valencia, vivien-
10 do como uno más, ocupando un lugar en la sociedad, electricista, como Ramón arquitecto y ella médica. Repugnante[3].

Laura declaró ante la CONADEP[4] en 1984, pero no nombró a Pepón. Un amigo le sugirió[5] que se presentara
15 como testigo[6] en los juicios[7] de Madrid, pero ella le dijo para qué, ya había dicho todo lo que recordaba hacía años. Y así lo creía, Pepón parecía sepultado[8] en su memoria, hasta esa tarde en que, lo vio en la cocina del piso de su amiga.
20 —Le presento a una paisana[9] suya —dijo Pilar, y Laura quiso esconderse, pero tarde porque él la estaba mirando, sus dientes centelleantes[10] explotando en su cara gastada[11].

—Un gusto, guapa —dijo sacándose la gorra, y haciendo una reverencia. Cascada pero la misma voz, la voz del te

---

1 el oficial de mantenimiento: Wartungsoffizier
2 desperdiciar a/c: perder (e>ie) a/c, no aprovechar de a/c
3 repugnante: ekelhaft
4 la CONADEP: la Comisión Nacional sobre la Desaparición de personas (ver anexo, p. 111)
5 sugerir (e>ie,i) a/c a alg.: proponer a/c a alg.
6 el/la testigo: Zeuge/in
7 el juicio: Prozess, Gerichtsverhandlung
8 sepultar a alg. jdn. begraben
9 el/la paisano/a: una persona del mismo país
10 centelleante: brillante
11 gastado/-a: verbraucht

quiero, nena—. No me negarás, Pilar, que las argentinas son las mujeres más lindas del mundo.

Laura, clavada[1] en el vano[2] de la puerta, habrá hecho alguna mueca[3] intentando una sonrisa. Y él no la reconoció, está segura. La miró pero sólo para volver a Pilar: aunque tú eres la excepción, Pilar. 5

Laura ya no huye ante aquellas imágenes del campo de detención, las convoca[4] deliberadamente[5], para darse fuerza, para encontrar el coraje[6] y la imaginación necesarios para llevar a cabo[7] lo que surgió[8] la cuarta noche de 10 insomnio y que minuto a minuto toma forma.

La quinta noche siente arder[9] su piel tantos años después al recordar aquella madrugada, cuando Pepón entró intempestivamente[10] en su celda. ¿Qué había pasado? Laura no le entendió. Él estaba completamente fuera de sí, 15 temblaba, las palabras atropellándose[11] cuando le contaba que esa noche había ido en los camiones con los trasladados y que después tuvo un accidente, dio un falso paso, casi se cae, y va a parar con ellos.

—¿Adónde? 20

Y él, un gesto abyecto[12], que Laura no le conocía: que no le preguntara nada, que lo amara, era él quien necesitaba cuidados, tranquilizarse.

1	clavado/-a: wie festgenagelt
2	el vano (de la puerta): Türrahmen
3	la mueca: Grimasse
4	convocar a/c: etw. aufrufen
5	deliberadamente: con intención
6	el coraje: Mut
7	llevar a cabo a/c: realizar a/c
8	surgir: aparecer (c>zc)
9	arder: brennen
10	intempestivamente: ungelegen, unpassend
11	atropellarse: sich überschlagen
12	abyecto/-a: niederträchtig

Laura recuerda bien aquella madrugada, porque le costó mucho acariciarlo, su piel estaba fría y como sucia, como si la echara aunque le pidiera mimos[1], y era peor si se ponía a pensar de dónde casi se cayó, qué estaría haciendo, no
5 había jardín con flores donde sostenerse, él sobre ella, tratando de hacerle el amor, pero no podía, por suerte, aquella noche él no pudo, su sexo chiquitito, arrugado[2], y él llorando en silencio, Pepón llorando y yéndose de su celda, avergonzado[3]. ¿Avergonzado porque no pudo poseerla? —
10 piensa ahora, veintitantos años más tarde—, ¿o avergonzado por lo que seguramente había hecho aquella noche?

Se lo preguntará, antes de matarlo, decide la sexta noche de insomnio. Pepón nunca quiso explicárselo, cuando Laura intentó conocer los detalles de aquel accidente, él le
15 prohibió terminantemente[4] que se lo recordara, y furioso, se fue de su celda. Tal vez temía, piensa Laura, que algo de lo que vivía con ella pudiera derretirle[5] esa coraza[6] con la que atesoraba[7] sus sucios secretos.

Te quiero, nena, te quiero mucho. Un susurro que se
20 alarida[8] en su cuarto en Valencia.

Y Laura le creía, ¿lo quería? Sí, lo quería cuando él le pasaba un algodón[9] empapado de alcohol sobre los tobillos[10]

---

1 el mimo: la caricia
2 arrugado/-a: faltig
3 avergonzarse (o>üe): sich schämen
4 terminante: definitivo/-a
5 derretir (e>i) a/c: etw. schmelzen
6 la corraza: Panzer
7 atesorar a/c: ansammeln, horten
8 alaridar: Alarm schlagen
9 el algodón: Wattebausch
10 el tobillo: Knöchel

lastimados por los grilletes[1], lo quería cuando le llevaba medialunas[2], y hasta una tarta pascualina[3].

En el chupadero: la tortura y las caricias, los gritos y los susurros, el mejunje[4] repugnante y las medialunas. Ésa fue toda su opción, concluye la séptima noche después del encuentro con Pepón en Valencia.

Diecisiete años tenía entonces, pero aun así ¿cómo pudo creer que eso era amor? Cuánto se odia. Ella tiene que poder volcar[5] todo ese odio en Pepón, y arrancar[6] de cuajo[7] aquellas noches infames de su memoria.

No en vano[8] el destino ha llevado a Pepón a Valencia, entre tantos lugares en el mundo, justo el mismo donde Laura se ha refugiado[9], no de ellos, porque hace años que no están en el poder, sino de su propia memoria. Como si poniendo un océano de distancia, los recuerdos quedaran enterrados[10] allá lejos.

Laura le pide a sus padres que vengan a visitarla, a ella no le gusta viajar a la Argentina, se desorganiza, no quiere estar tan lejos de sus pacientes, de sus cosas, pretexta[11], y ellos la comprenden sin preguntas, Ramón también. Todos ayudándola. Pero bastaron esos cinco minutos en la casa de Pilar, ver esos dientes repugnantemente blancos de Pepón, para que toda esa sólida construcción de familia y marido y

---

1 el grillete: Fußfessel
2 la medialuna: *arg.* Hörnchen, Croissant
3 la tarta pascualina: Osterkuchen
4 el mejunje: Gesöff
5 volcar a/c en alg.: concentrar a/c en alg.
6 arrancar a/c: *aquí* quitar a/c
7 de cuajo: *fam.* completamente, absolutamente
8 en vano: vergeblich
9 refugiarse: huir
10 enterrar (e>ie) a/c: etw. begraben
11 pretextar a/c: etw. vorgeben

profesión y amigos españoles se desmorone[1] y ella esté ahí, a expensase[2] de sus recuerdos.

Debe tener la posibilidad de hablar con Pepón, no quiere más ignorar y tapar para seguir viviendo, quiere saberlo
5 todo: si casi se cae del avión desde donde arrojaban[3] vivos a sus compañeros al mar, si estaba con ella para sacarle información o si en serio creía que Laura iba a salir y la casa frente al mar y los tres hijos o era una tortura más sofisticada que la de Pajarito, una manera de instalarse en Laura, de
10 hacerla su cómplice, y seguir ensuciándola, toda la vida.

Lo que sí fue cierto es que ella salió. El mismo día en que la dejaron en el descampado[4], esperando las primeras luces para caminar hasta su casa, Laura supo que no vería más a Pepón, que el amor o lo que fuera que había sentido por él
15 se evaporaba[5] con cada paso, con el sol subiendo, y su cuerpo en libertad. Entonces huir lo antes posible de la Argentina, huir casi más que de los otros, de él, porque si acaso Pepón la iba a buscar, y le decía a sus padres lo de la casa frente al mar y los tres hijos, ella se moriría de
20 vergüenza, lo negaría, diría que era todo un invento[6] de él, una manera entre otras de flagelarla[7], que esa historia nunca había existido.

Curioso, se dice la séptima noche, que ella pudo pensar que lo de Pepón era una tortura más, sin embargo le
25 hicieron falta veintiséis años, sí, veintiséis años y verlo, convocar esas imágenes para darse cuenta de que lo que inventó como excusa para sus padres es la más absoluta verdad. Más daño le hizo Pepón con sus manos, con sus

---

1 desmoronarse: zerfallen, bröckeln
2 estar a expensas de a/c: *hier* etw. ausgeliefert sein
3 arrojar a alg.: lanzar a alg., tirar a alg.
4 el descampado: offenes Feld
5 evaporarse: desaparecer (c>zc)
6 el invento: Erfindung
7 flagelar a alg.: jdn. geißeln, *hier* quälen

frases amorosas, que Pajarito con su picana. Y ella lo permitió, le gustaba incluso, se acusa sin piedad[1].

Ahora ha sacado el tapón[2], y esas imágenes rancias[3] estrechan[4] los muros de su cuarto en Valencia: Pepón y Laura abrazados, amándose, jadeos[5] tapando los gritos, el aire se torna[6] irrespirable, aquel olor fétido[7], el olor del miedo, colándose[8] en su cuarto de Valencia, y aquel placer que sintió entonces, este profundo dolor.

Ramón sonríe dormido. Laura se levanta rápido de su cama y sale al balcón. Pudor[9]: no puede dar vida a esas escenas obscenas en la misma cama en la que duerme con Ramón, su amor, su compañero.

La brisa fresca y la vista al jardín del edificio la salva, la instala en el presente. Cierto que gozaba[10], cierto que creyó quererlo pero no es lo mismo, reacciona, ella tenía sólo diecisiete años y estaba en condiciones de esclavitud, él era un adulto, un total y miserable hijo de puta. Y no puede andar suelto[11] como si nada. Ella hará justicia con sus propias manos. Está sola, lo sabe, hablar de Pepón sería hablar de ella entonces, y Ramón no la querría más.

---

1 la piedad: Mitleid
2 el tapón: Verschluss, Pfropfen
3 rancio/-a: muy viejo/-a
4 estrechar a/c: etw. enger machen
5 el jadeo: Keuchen
6 tornarse: hacerse
7 fétido/-a: de mal olor
8 colarse (o>ue): *fam.* sich hineinschleichen
9 el pudor: la vergüenza
10 gozar: disfrutar
11 andar suelto/-a: estar en libertad

Un accidente, un cable que ella pelará[1] antes, Pepón trabajando en él, la palanca[2] de la luz en la otra dirección. Pepón electrocutado[3]. Deberá renunciar a hablarle antes.

Laura se ha encerrado en su cuarto y no quiere que Ramón
5 le siga pidiendo que vaya a tomar una copa con ellos.

—Fue sin querer, Ramón, una distracción[4].

—Por supuesto, cielo, no lo vas a hacer aposta[5], pero no te pongas así, no llores, no pasó nada, un accidente. El tío es muy simpático y ya se le ha pasado el susto. —
10 No quiero que me vea.

—No va a decirte nada, Laura, ven, es lo menos que podemos hacer, beber una copa juntos. Le he invitado a cenar. Ven.

—No, no iré.

15 —Pero ¿por qué?, cabezota[6].

—Porque él me denunciará.

Ramón, que no, que no fue tu culpa, sí, yo sabía que él había cortado la luz cuando encendí la llave de paso[7] al entrar, pero no pensaste, no sabías que, y harta, Laura: lo
20 que no sabía es que iba a saltar el disyuntor[8], yo quise matarlo.

Ramón no le cree, la abraza, no te va a pasar nada, cariño, estás conmigo, estás en Valencia, vale, descansa, inventaré una excusa, pero ya lo he invitado a cenar, y no le
25 diré que se vaya, después de lo que le hemos hecho, sin querer, pero...

---

1 pelar: schneiden, *hier* abisolieren
2 la palanca: Hebel
3 electrocutarse: durch elektrischen Strom sterben
4 la distracción: la falta de atención
5 hacer a/c aposta: hacer a/c con intención
6 el/la cabezota: Dickkopf
7 la llave de paso: Schalter
8 el disyuntor: Hauptschalter

—Por favor, no le hables de mí... de mi historia, no le cuentes nada.

—Por supuesto que no, Laura. —¿Me lo prometes?

Ramón sale del cuarto.

—Descansa, cielo.   5

¿Se va a quedar a cenar? ¿Será posible? ¿Y si le pusiera veneno[1] en la comida? Eso le daría tiempo a hablarle. Pero no, porque está Ramón.

Se lavará la cara, irá a la cocina, Pepón no va a reconocerla. Veinte kilos y veintiséis años más. Tiene el   10 polvo de veneno para los ratones, lo pondrá en la taza del gazpacho, y ella se la servirá, para evitar confusiones[2].

Pero Pepón no la toma, la está mirando fijo, ¿la habrá reconocido?

—¿De qué barrio sos? —De Congreso.   15

Ramón extrañado[3]: no le había dicho que es de... Y Laura hablando encima: el kilómetro 0, el centro de la ciudad. Mm qué bueno está el gazpacho, no tengo abuelita, me pondero[4] yo misma.

—Buenísimo —dice Ramón.   20

Los ojos dé Pepón escrutándola[5], ¿la ha reconocido?

—¿Llevas tiempo en España, Pepe? —pregunta Ramón. — Unos cuantos años.

Pepón no prueba la sopa. Sospecha. Laura no le preguntará nada o quedará en evidencia[6].   25

—¿Y vos? —los ojos negros escarbándola[7], ¿la ha reconocido?

—También, unos cuantos.

1 el veneno: Gift
2 la confusión: Verwechslung
3 extrañado/-a: sorprendido/-a
4 ponderar: rühmen
5 escrutar a alg.: mirar a alg. con mucha atención
6 quedar en evidencia: *hier* entdeckt werden
7 escarbar a alg.: stochern, *hier* mit den Augen durchbohren

—¿Viniste huyendo de la dictadura?

—No, nada que ver, vine por amor, conocí a mi marido en Perú, y nos hicimos novios.

Ramón nunca estuvo en Perú, pero, siempre par, siempre
cómplice, le devuelve la sonrisa.

—Perú, qué maravilla. ¿No le gusta el gazpacho, Pepe?

—No mucho, la verdad.

Y esos dientes, blanquísimos, intactos, se exhiben sin pudor a Laura, que se apresura[1] a sacarle la taza.

—Déjamela a mí, Laura —pide Ramón.

¿No le había dicho en secreto que la llamara María?

Ramón se olvidó. Si Pepón tenía alguna duda, ya no.

—Laura, bonito nombre —su sonrisa cínica, y su repugnante voz: te quiero, nena, pero ahora es como si
dijera: antes te voy a matar yo.

Y ella, huyendo, con el gazpacho envenenado[2].

—No te quedará hambre para saborear[3] mi plato, amor.

Será riesgoso ponerle veneno al pollo, cómo saber qué pieza le tocará, además está sobre aviso[4]. Laura con la bolsa
de veneno en la mano, y la voz de Pepón, como un fustazo[5]: ¿Te ayudo, Laura?

Un salto y todo en el suelo: Me asustó —no le devolverá el tuteo[6].

Ramón por suerte ahí, él cortará el pollo, siéntate, Pepe,
no te molestes. Laura tapando la bolsa de veneno con su propio cuerpo, tirándola disimuladamente[7] a la basura. No, si me gusta ayudar. Lleve estos platos, entonces, la cara

---

1 apresurarse: darse prisa
2 envenenado/-a: vergiftet
3 saborear a/c: disfrutar de a/c
4 estar sobre aviso: auf der Hut sein
5 el fustazo: Peitschenhieb
6 el tuteo: hecho de tratar a alg. de tu
7 disimuladamente: secretamente

roja, la piel tirante[1] y un temblor[2] que no puede controlar. Después te explico, al oído de Ramón. Jugar a que no lo reconoce, se ordena. ¿Por qué va a querer matarlo si no sabe quién es?

El fútbol la deja afuera de la conversación, por suerte, 5 ella no entiende nada de fútbol, y Pepón, el viejo Pepe, el electricista, se entusiasma con los campeonatos, y que el Real y el Atleti y el Barça. Sus dientes fosforescentes, evocando las jugadas[3], comiendo sin aprensión[4] alguna. A la hora del postre, Laura se convence de que él no la ha 10 reconocido, que fue su paranoia lo que la llevó a leer signos[5] inexistentes.

No hay por qué preocuparse. No lo ha matado, pero tampoco la ha descubierto. Inventará algo para Ramón: que lo vio parecido a alguien, que ya sabe, el miedo, claro que 15 no quiso matarlo, cuando tiene miedo dice cualquier cosa.

—Estamos aburriendo a tu esposa —¿y por qué la mira así si no la reconoce?

—No, para nada. Me gusta escucharlos.

Ramón no debe entender nada excepto que, ella quiere 20 pasar lo más desapercibida[6] posible, por eso le pide que, por favor, vaya a preparar el café, mientras él le muestra a Pepe su colección de DVD.

El café sobre la mesa y Ramón que intenta salvarla: Vete a dormir, cielo, yo me quedo con Pepe; y a Pepón: Mi mujer 25 se levanta muy temprano.

—No, yo también me voy —se pone de pie—, es tarde. Muchas gracias.

---

1 tirante: gespannt
2 el temblor: Zittern
3 la jugada: *hier* Spiel, Partie
4 la aprensión: *aquí* el miedo, el temor
5 el signo: la señal
6 desapercibido/-a: unbemerkt

Y no va a creer Laura que la reconoció sólo porque él retiene su mano unos momentos más de lo previsible[1] y la mira así, como buscando a Laurita flaquita y lastimada en el fondo de sus ojos. Quizás, porque Pepón suelta[2] de pronto
5 su mano, como si le quemara[3], vuelve la cara, y con paso rápido, se dirige a la puerta, la abre, sale, y él mismo la cierra. ¿La reconoció y le tiene miedo?

—Probablemente, Laura, pero si tienes dudas, date prisa en hacer la denuncia[4] —le dirá esa noche Ramón.
10 Ramón, que todo lo ha comprendido, aunque Laura ha omitido[5] partes. Se lo contará todo otro día, ahora ya es mucho, ahora sólo llorar sobre su hombro, dejarse abrazar, y escucharlo.

—Mañana haces la denuncia, Laura. Y si no te animas,
15 voy yo. ¿Conoces el apellido?

Cuando la Guardia Civil fue a detenerlo[6], dos días después, ya no había rastro[7] de Pepón en su domicilio[8].

—Me reconoció —dice Laura a Ramón—. Debe haber huido esa misma noche.
20 ¡Pepón huyendo de ella!, qué gusto. Lástima que se escapó. Pero aun así, un inmenso alivio[9], ya no quiere sepultar[10] a Pepón en su memoria, ni matarlo. Ya no más un callejón sin salida, sino una ancha avenida en la que Laura está dando sus primeros pasos.

---

1   previsible: *aquí* normal, habitual
2   soltar (o>ue) a/c: etw. loslassen
3   quemar: verbrennen
4   hacer una denuncia: Anzeige erstatten
5   omitir a/c: etw. auslassen
6   detener (e>ie) a alg.: jdn. festnehmen
7   el rastro: Spur
8   el domicilio: la casa
9   el alivio: Erleichterung
10 sepultar a alg.: jdn. begraben

1. Lee el cuento hasta la página 55, l. 3.
   «Siete noches de insomnio» – ¿Qué imágenes centrales le surgen a Laura en cada una de estas noches? Descríbelas.
2. Antes de seguir leyendo: Apunta de manera estructurada lo que llegas a saber de Laura y prepara una presentación en clase.
3. Antes de seguir leyendo: ¿Cómo va a terminar el cuento? Inventa un fin.
4. Sigue leyendo hasta el final y resume el cuento entero.
5. Analiza el desenlace (p. 59, ll. 20–25).
6. Comenta los motivos por los que Laura quiere matar a Pepón. Comprueba tu comentario con indicios del texto.

La película de Mónica

No es un sueño, porque Mónica no está dormida, pero tampoco es un plan, algo que ella desea o piense que va a pasar, no, de ningún modo. Es como una película que se exhibe[1] sólo para ella, y que Mónica mira, sorprendida,
5 pero que no inventa. ¿Y quién inventa entonces esas imágenes que se le imponen[2]? No tiene una respuesta, sólo sabe que ella no es, ¿cómo va a estar fantaseando que vuelve a la Argentina y lo va a ver a Oscar con lo que le costó dejarlo?
10 Día a día se añaden algunos detalles, hay un argumento[3] que avanza y retrocede[4], que se modifica levemente, pero los personajes son siempre los mismos: Oscar y Mónica. Y es muy raro —piensa— estar aquí, caminando por la Gran Vía, en Barcelona, y al mismo tiempo, entrando en su casa,
15 en Buenos Aires; y más extraña aún esa ternura[5] que le sube como efervescencia[6] cuando lo ve a Oscar así, en ese estado deplorable[7].
Al principio eran sólo imágenes: ella en la sala, parada ante Oscar, o ella caminando por el pasillo, en puntas de
20 pie, sigilosa[8], y entrando al cuarto donde Oscar, en pijama y

1 exhibir a/c: presentar a/c
2 imponer a/c a alg.: jdm. etw. aufdrängen
3 el argumento: Handlung
4 retroceder: contrario de *avanzar*
5 la ternura: Zärtlichkeit
6 la efervescencia: Erregung
7 deplorable: bedauerlich
8 sigiloso/-a: secreto/-a, discreto/-a

demacrado[1], agoniza[2]. Un cartel que dice «Se vende» en la
ventana de la casa, la pintura de las paredes descascarada[3],
el tapizado[4] del sofá arañado[5] por quién sabe qué gato,
botellas vacías y suciedad por todas partes, luces que no
encienden, y lo peor, las sábanas —esas sábanas blancas   5
con florcitas que compró Oscar cuando llevó a la nena[6]— de
un gris patético donde las flores han ido pervirtiendo[7] su
forma y su color mezclándose con las manchas[8]. Las
palabras llegaron más tarde, las de Oscar; Mónica, en la
película —y eso le gusta—, no habla nunca.   10

No sabe de dónde sale esa película pero sí cuándo
empezó: la tarde que se encontró en El Corte Inglés de la
plaza de Cataluña con la prima de Oscar y se enteró de lo
de la operación del intestino[9], el cáncer[10] y lo mal que
estaba. En el metro, cuando volvía a la casa, lo vio sentado   15
en un sillón destartalado[11], con la cabeza agachada[12], flaco,
enfermo, viejo, solo como un perro. Como se merece, pensó.
Y entonces, totalmente porque sí, ella metiendo la llave en
la cerradura[13], que evidentemente él no cambió nunca
porque se abrió al primer intento; ¡la siguió esperando todos   20
estos años! Y al día siguiente, o esa misma noche, ya no
recuerda, pudo ver la cabeza de Oscar levantándose hacia

1	demacrado/-a: ausgemergelt
2	agonizar: estar a punto de morir
3	descascarar: sich abschälen
4	el tapizado: Polsterung
5	arañado/-a: zerkratzt
6	la nena: la niña
7	pervertir (e>ie,i): *aquí* perder (e>ie,i)
8	la mancha: Fleck
9	el intestino: Darm
10	el cáncer: Krebs
11	destartalado/-a: verwahrlost
12	agachado/-a: gebeugt
13	la cerradura: (Tür-)schloss

ella, y esos ojos rojos, inyectados[1], pero no de ira[2] como antes, sino de emoción, de agradecimiento, porque en el vano[3] de la puerta estaba Mónica, preciosa y elegantísima con el traje de chaqueta nuevo que se compró en Barcelona.

5 Y él, con una camiseta raída[4], los pantalones que se le caían, esquelético, la barba cana[5] crecida. Un montoncito de miseria[6], como lo definió su hija Lucrecia el otro día.

A Mónica la expresión la golpeó como una cachetada[7] (quizás porque ya estaba viendo la película), aunque 10 reconoce que es normal la reacción de su hija en esa breve —pero qué intensa— pelea que tuvieron. Ella misma la provocó, sin darse cuenta. Una mañana, como tantas otras, en la que Mónica volvió a la casa y se puso a protestar: que a ella no le gusta estar acá, que está podrida[8] de los 15 catalanes, que en el mercado le hablan en catalán aunque saben que ella no les entiende, nadie le va a sacar de la cabeza que se lo hacen a propósito[9]: cada vez es peor, ¿cómo te explicás, Lucrecia, que cuando llegué a Barcelona les entendía y ahora no?

20 —Si tanto te cabrea[10], haz un esfuerzo[11] y aprende el catalán —le contestó Lucrecia, sin apartar la vista[12] del ordenador—. Llevas años viviendo en Barcelona.

---

1 inyectado/-a: blutunterlaufen
2 la ira: Wut, Zorn
3 el vano (de la puerta): Türrahmen
4 raído/-a: schäbig, abgetragen
5 la cana: graues, weißes Haar
6 el montoncito de miseria: Häufchen Elend
7 la cachetada: Ohrfeige
8 estar podrido/-a de alg.: estar harto/-a de alg.
9 hacer a/c a propósito: hacer a/c con intención
10 cabrear: *fam.* enfadar
11 hacer un esfuerzo: sich anstrengen
12 apartar la vista: den Blick abwenden

«Haz», «cabrea», así habla su hija, hace años. Mónica
está habituada, pero esa mañana estaba de muy mal humor
y el comentario de Lucrecia la crispó[1]:

—En cualquier momento me hablás en catalán a mí,
como hacés con tu pobre nene —no le gritaba, pero 5
parecía—. ¿Qué te pasa? ¿Te crees que naciste en
Barcelona? Sos de Buenos Aires vos. Uno no debe olvidarse
de sus orígenes hasta ese punto.

Lucrecia saltó como leche hervida[2] y la enfrentó.

—¿Cómo te atrevés[3] vos, justamente vos, a decir que uno 10
no debe olvidarse de sus orígenes? —la voz de Lucrecia de
antes, las eses[4] normales, y a los gritos—. ¿Querés que te
diga una cosa? Claro que me quiero olvidar de donde nací,
de la nena que me enchufaste[5] de hermana —gritaba—, del
sorete[6] con quien me criaste y hasta de vos también me 15
gustaría olvidarme —al calmarse le volvía a salir el acento
español—. Pero no puedo, sabes, porque eres mi madre, y
por suerte para ti, estás en mi casa, lejos de esa historia ruin
y de ese... montoncito de miseria, tu marido.

Mónica acusó el golpe, pero se calló. Lucrecia tiene 20
razón, mejor olvidarse de todo, para eso vino a Barcelona,
no sólo para poner un océano de distancia con Oscar, sino
para sepultar[7] en el olvido todo lo que pasó. Y para que se
olviden de ella.

¡Montoncito de miseria! Muy dura es Lucrecia con Oscar, 25
piensa ahora, sentada en un banco de la plaza de Cataluña,
como en la butaca[8] de un cine, y él, en Buenos Aires,

1 crispar a alg.: provocar a alg.
2 hervir (e>ie,i): kochen
3 atreverse a/c: etw. wagen
4 la ese: la letra *s*
5 enchufar a/c: etw. anschließen, *hier* aufbürden
6 el sorete: *arg. fam.* Scheißkerl
7 sepultar a/c: etw. begraben
8 la butaca: Lehnstuhl

postrado[1] en la cama, enfermísimo. Será un cretino[2], pero al
fin, a Lucre y a Tobías, sus hijos, no les hizo faltar nada —
piensa, pero retrocede, matiza[3]—. Aunque cuando les
sacaron[4] a la nena, los chicos como si no existieran, ahí se
5 vio bien a quién Oscar consideraba su hija y a quiénes no.

Oscar, en la película, ya no a los gritos como antes, sino
con un susurro[5] débil, ronco[6], le pregunta a Mónica qué
hubiera hecho ella con dos pibes[7] a cuestas[8], dos bocas que
alimentar, cuando mandaron a gayola[9] al turro[10] del padre,
10 si él no los alojaba[11] en su casa y los protegía, que reconozca
al menos eso, Mónica. Ella, inmóvil, ni con los ojos le habla,
no le recuerda que ellos ya eran amantes hacía dos años, y
que fue él mismo, el comisario Oscar Balardén, quien lo
metió en cana[12] y se aseguró de endilgarle delitos[13] por unos
15 cuantos años, para que ellos, Mónica y Oscar, pudieran
vivir su amor sin interferencias[14]. No es que ahora defienda
a ese borrachín[15], ladroncito de poca monta[16] que era su ex
marido, pero las cosas como son, se dice en el Triangle[17], no
fue Mónica quien se lo pidió, lo decidió Oscar, sin
20 consultárselo. «Un regalo de navidad», como le dijo

1 postrado/-a: bettlägrig
2 el cretino: Kretin, Idiot
3 matizar: nuancieren
4 sacar a alg.: quitar a alg.
5 el susurro: Flüstern
6 ronco/-a: heiser
7 el/la pibe/-a: *amer.* el/la niño/-a
8 tener a alg. a cuestas: jdn. am Hals haben
9 la gayola: la cárcel
10 el turro: *arg. fam.* el tonto, el estúpido
11 alojar a alg.: dar casa a alg.
12 meter a alg. en cana: *arg. fam.* meter a alg. en la cárcel
13 endilgar delitos a alg.: jdm. Verbrechen, Delikte aufhalsen
14 la interferencia: la molestia, el problema
15 el/la borrachín/ina: persona que bebe mucho alcohol
16 de poca monta: de poca importancia
17 el Triangle: un centro comercial en Barcelona

entonces, y aunque le vino bien sacarse ese peso de encima, a ella un poco de culpa le dio, era el padre de sus hijos, lo extrañaban[1], fue duro llevarlos a visitarlo en la cárcel. En febrero Mónica y Oscar ya estaban viviendo juntos.

—Y pese a que ponía en riesgo mi carrera viviendo con ustedes, si mis superiores se enteraban me pasaban a retiro[2] —dice la voz tembleque[3] de Oscar en la película—, los traté como si fueran mis hijos.

¿Y si los consideraba sus hijos, replica[4] Mónica entrando a las Ramblas, por qué entonces se obsesionó[5] con traer la hija de los subversivos[6] a su casa? ¿Acaso no tenían sus propios hijos ya?

«Son tus hijos, no míos, yo quiero una hija mía, mía y tuya, una hija propia, con mi apellido», le decía. Ella pensaba que mucho más hijos eran los suyos que la de los subversivos, al menos la mitad. Pero él quería a esa nena. Estaba como enamorado de Silvita, desde que la llevaron a la brigada[7] con los padres, le hablaba todo el tiempo de ella: que la pielcita tersa[8], que los bracitos, que cuando lloraba, a él le daba ganas de llorar también. Mónica le tenía celos[9], como si fuera otra mujer.

Se pelearon mucho en esos días, de todos modos Oscar hizo lo que le dio la gana y la llevó a la casa. Cierto que apenas Mónica vio a la nena, todos estos sentimientos se evaporaron[10], una necesidad de abrazarla, de protegerla, de

---

1 extrañar a alg.: *amer.* echar de menos a alg.
2 pasar a alg. a retiro: jdn. in den Ruhestand versetzen
3 tembleque: zitternd
4 replicar a/c: etw. erwidern, entgegnen
5 obsesionarse con a/c: von etw. besessen sein
6 el/la subversivo/a: Umstürzler/in
7 la brigada: Brigade, militärische Einheit
8 terso/-a: glatt
9 tener celos a alg.: auf jdn. eifersüchtig sein
10 evaporarse: desaparecer (c>zc)

hacerse ovillo[1] y meter a Silvita dentro, con sus hijos, con toda su familia. Y entonces no sabía lo que Oscar iba a contarle años después, en esas desgarradoras[2] discusiones que tuvieron en la época del juicio[3], y que ahora repite en
5 la película, la voz rota, ante una Mónica muda, hierática[4].

—Con, capucha[5] estaba, como los delincuentes de los padres, pobrecita, ¿cómo no iba a encariñarme[6] con ella?

Pobrecita decía, como si él no tuviera nada que ver. Si era el comisario, ahí se hacía lo que él quería. Aunque ya
10 no le interesaba ser comisario, le dijo el mismo día que llevó a Silvia: Voy a renunciar[7]. ¿Estás loco? ¿Y de qué vamos a vivir?, Mónica muerta de miedo de que pasara lo mismo que con el otro cuando lo echaron del trabajo, todo el día en la casa, puteando[8], o chupando[9] con los amigotes, robando,
15 ¿en un delincuente se quería convertir?, le gritó. Él era un hombre de acción y en la brigada no pasaba más nada, le explicó Oscar, los detenidos los iban a trasladar a otros lugares, se estaba pintando todo de blanco.

Las paredes pintadas de blanco, repetía una y mil veces
20 como un sonsonete[10] por aquellos días, y recién ahora, cuando deja atrás el Liceu y sigue bajando por las Ramblas, Mónica encuentra el sentido de aquella frase: el blanco de las paredes tapaba todo rastro[11] de los padres de Silvia, todo lo que allí pasó, todo lo que Oscar hizo. La nena, un premio

---

1 hacerse ovillo: sich zusammen rollen, zu einem Knäuel wickeln
2 desgarrador/-a: erschütternd
3 el juicio: Verhandlung
4 hierático/-a: hieratisch, starr
5 la capucha: Kapuze
6 encariñarse con alg.: jdn. lieb gewinnen
7 renunciar: kündigen
8 putear: *vulg.* molestar
9 chupar: *amer. fam.* beber
10 el sonsonete: Leiern, Singsang
11 tapar todo rastro: alle Spuren verdecken

a su eficiente trabajo en la brigada, lo menos que podían darle. Los muros de la brigada pintados de blanco, cal[1] sobre alaridos[2], y Silvia en su casa, como si hubiera nacido de Mónica.

Lo mejor sería irse de Buenos Aires todos juntos por un tiempo, pero Oscar no podía, debía resolver unos asuntos importantes, de manera que la que debía partir de inmediato al interior[3] —le exigió— era ella, y volver con Silvia, como si la hubiera parido[4]; entonces la iban a anotar como su hija. Mónica, que ni loca, que ni lo soñara, quién iba a creerle, si la nena ya caminaba, debía tener un año y medio o dos, los ojos de Silvita asustados[5], de uno a otra, como si entendiera, y Oscar, obstinado[6] en su disparate[7]: y qué, hay nenas más altas, y además, ellos se mudarían a otro barrio, nadie les iba a preguntar nada. ¿Y a sus hijos qué les iba a decir? Cualquier cosa, que te la trajo la cigüeña[8], son nenes, no entienden. Ahora te vas, o... ya sabés, y le señaló la puerta del baño. No sería la primera vez —ni tampoco la última— que el baño fuera el escenario de la violencia física. Pero no fue necesario, esa tarde estaba conciliador[9]: y que no se preocupara por su renuncia porque «un hijo llega con un pan abajo del brazo».

Y así fue, Silvita llegó con el puesto de jefe de seguridad de la empresa alemana para Oscar (y cuando se fue, le pidieron la renuncia[10]). Que lo hago por nosotros, para

5

10

15

20

25

---

1 el cal: Kalk
2 el alarido: los gritos
3 partir al interior: partir al interior del país
4 parir: gebären
5 asustado/-a: con miedo
6 obstinado/-a: starrköpfig, hartnäckig
7 el disparate: la tontería
8 la cigüeña: Storch
9 conciliador/-a: versöhnlich gestimmt
10 la renuncia: Kündigung

regularizar[1] nuestra situación, a ellos les digo que sos mi
señora, que tenemos una hija: a los alemanes no les importa
que no estemos casados por la Iglesia, ni por el civil, ni me
piden los papeles. Y ella mordió el anzuelo[2].

5   —Reconocé que te gustó, Negrita —la voz destruida de
Oscar en la película imponiéndose[3] sobre los sonidos de las
Ramblas—. A mí también me gustaba por fin tener una
familia, estaba orgulloso.

      —Orgulloso sólo estuviste de Silvia, es la única que le
10   mostrabas a los alemanes de la Mercedes —le responde con
rencor Mónica, esquivando[4] una vendedora de flores. Claro
que él no puede escucharla, porque está en Buenos Aires.

      La otra Mónica, la de la película, no dice nada. Mejor,
que lo deje hablar a solas. De todas formas es un poco
15   injusto lo que le acaba de decir, piensa ahora, porque Oscar
la trató como la esposa en esa época de gloria, y le dijo al
alemán de la Mercedes Benz que tenían tres hijos, dos del
primer matrimonio de su esposa y una en común. Se lo
había prometido —y lo cumplió— en esas cartas que le
20   mandaba durante su loco peregrinar[5] por La Pampa,
esperando el momento de llegar, con su «bebé». Tendrían
una casa nueva, dos televisores, auto, hasta sirvienta. Y a
Silvita, a quien ya Mónica quería entrañablemente[6].

      Oscar había conseguido un certificado del médico de la
25   brigada, donde constaba[7] que la niña había nacido en
octubre de 1978 en casa de unos amigos que vivían cerca
de la brigada. ¡Quince meses menos de la edad que tenía!,
pobrecita. La convenció a Mónica de que fuera ella a sacar

---

1 regularizar a/c: poner en orden a/c
2 morder el anzuelo: anbeißen, den Köder schlucken
3 imponerse sobre a/c: sich über etw. legen
4 esquivar a alg.: jdm. ausweichen
5 peregrinar: *aquí* viajar sin destino
6 entrañable: innig
7 constar: bekunden

el documento de identidad de la nena. Él sólo pidió que le
apuren[1] el trámite[2], pero no fue.

—Y qué íbamos a hacer, ¿no registrarla? —protesta
Oscar, con un hilo[3] de voz, en la pantalla.

Se la hizo bien el guacho[4], piensa Mónica, viendo ya el   5
mar al fondo, porque cuando todo saltó[5], ella era la más
implicada[6] en malversación[7] de documento público.

¿Oscar quería una hija propia? No había más que hacerla
—se anima a provocarlo ahora en la plaza del Portal de la
Pau, frente a la estatua de Colón—. Dos años conviviendo, y   10
dos antes de amantes y ni una vez la dejó embarazada, ella
ya tenía hijos, el estéril era él. Ella no se cuidó[8] más, hubo
un tiempo que hasta quería quedar embarazada, que fuera
un poco más cierto lo de la nena, teniendo otro hijo. Pero
no, nunca. Estéril, lo insulta Mónica con los labios   15
apretados[9], y el dedo de Colón en la estatua parece señalar
a Oscar.

Si apenas se lo hubiera sugerido[10] entonces, la hubiera
molido a golpes[11] en el baño. Ni en aquellas terribles peleas
con las que se tajearon[12] casi tanto como los tajeaba la   20
historia, durante el año que duró el juicio, Mónica le dijo
que ella siempre pensó que él quiso tener una hija con su
apellido por los otros. Sí, por los otros —le dice ahora y no le
importa que él esté tan enfermo—, para mostrarle a los otros

---

1   apurarse: *amer.* darse prisa
2   el trámite: Behördenweg
3   el hilo: Faden
4   el/la guacho/a: Waisenkind
5   saltar: *hier* auffliegen
6   implicado/-a en a/c: in etw.verwickelt
7   la malversación: Erschleichung, Betrug
8   cuidarse: aufpassen
9   apretado/-a: gepresst
10   sugerir (e>ie,i) a/c a alg.: proponer a/c a alg.
11   moler a golpes a alg: jdn. verprügeln
12   tajear: *amer.* aufschlitzen, niederstechen

que vos podías, sos tan boludo[1] que confundís esterilidad con impotencia.

Impotente no era, reconoce mientras camina por el paseo de Colón. Un temblor[2] la sacude al verlo acabado,
5 aniquilado[3], ¡con lo que Oscar era antes! No rechaza el recuerdo de esas tardes calientes, cuando aún eran amantes, ni el de esas madrugadas[4] en las que él llegaba a la casa y la despertaba con un deseo brutal, urgente, de hacer el amor. Qué te pasa, bromeaba ella, ¿estuviste
10 viendo una porno? No, estuve trabajando, y ahora quiero guerra, pero la nuestra. Así eran ellos, durante años. Hasta que pasó lo del juicio.

—Fue mala suerte, Negrita —la voz ya casi inaudible[5] de Oscar imponiéndose al sonido de coches y transeúntes[6]—.
15 Cuántos hay que tienen huérfanos[7] de subversivos y justo a nosotros nos tenía que tocar esa abuela insistente.

En ese sentido, admite Mónica, Oscar tiene razón, ella también pensó muchas veces por qué justo a nosotros, pero bueno, les tocó, y tuvieron que dar explicaciones ante los
20 jueces, buscar abogados, testigos[8]. Ahí empezó el infierno[9], esas peleas que no sirvieron para encontrar una solución sino para lastimarse más entre ellos. Los condenaron[10] a tres años de prisión a los dos. Pero a ella se la suspendieron[11] porque tuvo otra actitud: cuando le mostraron los papeles,

---

1 boludo/-a: *amer. fam.* tonto/-a
2 el temblor: Zittern, Schauder
3 aniquilado/-a: arruinado/-a
4 la madrugada: muy temprano por la mañana
5 inaudible: lo que no se puede oír
6 el/la transeúnte: Passant/in
7 el/la húerfano/-a: Waise
8 el/la testigo: Zeuge/in
9 el infierno: Hölle
10 condenar a alg.: jdn. verurteilen
11 suspender a alg.: *hier* begnadigen

se negó a declarar, en cambio él siguió mintiendo con convicción[1]: que es hija nuestra, que la tuvo Mónica, que el parto[2] lo atendió[3] el doctor Tal, y que el doctor Tal, su cuñado, la había visto durante el embarazo y después del parto, que los primeros meses los pasaron en la casa de su madre, en Chivilcoy. El muy turro del cuñado negó todo tirando por la borda[4] sus argumentos. Pero Oscar, sostenido[5] por ese amor loco, enfermo, que tenía por la nena, insistió hasta el final: es hija nuestra.

La peor condena[6] que sufrió Oscar no fue ese año y pico que pasó en la cárcel, sino la que recibió de la misma Silvia, concluye Mónica, al doblar en una de esas callecitas angostas de la Barceloneta. A los pocos meses de ser restituida[7] a su abuela, el juez[8] les dio una cita para que la pudieran encontrar, en el mismo juzgado[9]. Mónica decidió no ir, a ella ya no le parecía bien lo que habían hecho, no sabía qué decirle a la nena. Pero Oscar pensaba que Silvia iba a correr a sus brazos, y que todo se iba a arreglar cuando el juez viera cuánto se querían. Un fuerte olor a pescado abraza a Mónica, por suerte, por suerte, ella está en Barcelona. «No te hablo hasta que me digas dónde están mis padres», fueron las palabras con que lo recibió la nena. Y lo demolió[10]. Es otra persona —le contó a Mónica—, sólo

---

1 la convicción: Überzeugung
2 el parto: Geburt
3 atender (e>ie) a a/c: *aquí* acompañar a a/c
4 tirar a/c por la borda: etw. über Bord werfen
5 sostener (e>ie): festhalten
6 la condena: Strafe
7 restituir: volver (o>ue)
8 el/la juez/a: Richter/in
9 el juzgado: Gericht
10 demoler (o>ue) a alg.: destruir a alg.

unos meses viviendo con esa zurda[1] de mierda de la abuela,
y la transformaron en un monstruo.

Ése fue el principio del fin para Oscar, el corredor oscuro
en el que entró y que lo condujo año a año a este estado de
5 decrepitud[2] en el que Mónica lo ve ahora en la película,
casi sin aliento[3], como si le faltara el aire para pronunciar
las palabras, pero las dice:

—Te acordás cuando nos fuimos todos a Mar del Plata.
Los castillos de arena que hacía con Silvita, ella era la
10 princesa, le decíamos, y vos, la reina —un ataque de tos[4]
interrumpe sus palabras—. Lucre y Tobías también estaban
felices. Jugábamos a la pelota.

Si supiera, piensa Mónica, el odio que le tienen hoy. Lo
que no le perdonan sus hijos es lo de la nena. Tampoco a
15 ella se lo perdonan, como le hizo saber Lucrecia el otro día.
Aunque casi no habla de eso, sólo cuando Mónica vino a
vivir con ellos a Barcelona, Lucrecia le pidió que por favor
no se le escapara delante de su marido lo de la nena:
«Nunca se lo dije —se disculpó—, me daría mucha
20 vergüenza».

Mónica quiso explicarle que Oscar se la impuso[5], que
ella no tuvo opción, que después se encariñó con la nena, es
natural, ustedes también la querían, pero Lucrecia la
interrumpió, ya lo habían hablado, no era necesario, y la
25 verdad es que Mónica le agradece a su hija que nunca le
saque el tema. Aspira con placer la brisa del mar. Barcelona
le ha permitido si no olvidar del todo, al menos que toda
aquella historia perdiera nitidez[6], que ya no la lastimara

---

1 el/la zurdo/-a: Linker/Linke
2 la decrepitud: Gebrechlichkeit
3 el aliento: Atem
4 la tos: Husten
5 imponer a/c a alg.: jdm. etw. aufzwingen
6 la nitidez: Schärfe

tanto, que Oscar y la nena fueran difuminándose[1] en el
tiempo y en la distancia. Mónica, en Barcelona, una
honorable viuda[2] que vino a vivir aquí por su nietito, el
padre de sus hijos muerto, y de Oscar, ni palabra a nadie,
algunos amigos, el yerno[3] catalán, la masía[4] en el 5
Ampurdán[5], hasta viajes a Francia y a Italia, como cualquier
persona de bien. Lejos, muy lejos de ese montoncito de
miseria, como dice Lucrecia.

Hasta que llegó la película y ella está ahí, en el paseo
marítimo de la Barceloneta, escuchándolo a él: que éramos 10
una familia, cómo pudiste abandonarme cuando estaba en
las malas, cuando yo todo lo arriesgué por vos, por nosotros,
por los chicos.

Mónica baja las escaleras y se interna[6] en la playa.
Aunque el frío se ha colado[7] ya al otoño, se descalza y 15
avanza hacia el mar, mientras allá, en Buenos Aires, y aquí,
proyectada en la enorme pantalla en el límite del mar y el
cielo, Oscar le pide perdón. Por todo. Por primera vez en la
vida, no sólo reconoce lo que nunca reconoció: que no debió
llevarse la nena a su casa y obligarla a mentir que la había 20
parido, sino que le pide perdón, Negrita, por favor,
perdoname.

Sus pies desnudos sobre la arena a cada paso más
húmeda, y en la pantalla de cielo plomizo[8] y mar, ella
levantando una mano y acariciando el pelo a Oscar, en 25
silencio.

---

1 difuminarse: verschwimmen
2 la viuda: mujer cuyo marido murió
3 el yerno: Schwiergersohn
4 la masía: *cat.* una casa en el campo
5 el Ampurdán: una región en Cataluña
6 internarse: *aquí* ir
7 colarse: sich einschleichen
8 plomizo/-a: bleigrau

No puede saber si este gesto que Mónica hace en la película le otorga[1] el perdón que él le pide, no cree, demasiado tarde, no lo merece[2]. No se disciernen[3] con claridad las frases que él dice entre sollozos[4], pero tienen el poder de conmoverla hasta tal punto que Mónica ahora se limpia unas lágrimas imprudentes[5] que resbalan[6] por sus mejillas. Sumerge[7] los pies en el mar, y el frío que sube por su cuerpo no logra sin embargo detener a esa Mónica loca que abraza a Oscar con toda su fuerza y le murmura[8] al oído palabras amorosas, delicadas, desesperadas, dichas a toda velocidad, porque el tiempo apremia[9], Oscar está muriéndose.

Ni aun en esas circunstancias —piensa Mónica— le diría que lo comprende, que lo perdona, que lo quiere tanto, que, pese a todo lo que pasó, es el hombre de su vida, que separarse de él fue como si le amputaran una parte de su propio cuerpo, a lo sumo, ella haría lo que Mónica, corrigiendo el argumento en el cielo ya teñido[10] de sombras, hace ahora: abrazarlo ligeramente, simplemente por piedad[11], y permitirle morir en sus brazos.

Pero ni eso hará, ella está en Barcelona (la arena que sacude de sus pies se lo confirma) muy, muy lejos de esa casa y de ese hombre derrotado[12]. Y Mónica no piensa volver nunca. Ese darle la espalda al mar, donde se proyecta esa

---

1   otorgar a/c a alg.: dar a/c a alg.
2   merecer (c>zc) a/c: etw. verdienen
3   discernir (e>ie): sich unterscheiden
4   el sollozo: Schluchzen
5   imprudente: unbesonnen
6   resbalar: gleiten, kullern
7   sumergir a/c en: meter a/c en
8   murmurar al oído: ins Ohr flüstern
9   apremiar: drängen
10   teñir: colorar
11   la piedad: Mitleid
12   derrotado/-a: geschlagen, besiegt

escena absurda en la que Mónica llora sobre el cuerpo
muerto de Oscar, lo besa, lo abraza, le pide perdón por
haberlo dejado, es un gesto nítido[1] para demostrar —¿ante
quién?— que no es ella quien inventa esas imágenes que se
le imponen. ¿Será Oscar que piensa tan fuerte en Mónica, 5
que logra incriminarla[2] otra vez? Un disparate[3], concluye,
no tiene tanta fuerza. Está ahí mismo, tirado en la playa,
agonizando[4], y estira los brazos[5] hacia ella, que ya no resiste
más y la arena húmeda se le pega[6] a la cara, al cuerpo
entero mientras abraza el vacío de esa imagen, y le dice 10
que sí, que lo quiere mucho.

1 nítido/-a: klar
2 incriminar a alg.: acusar a alg.
3 el disparate: la tontería
4 agonizar: estar muriéndose
5 estirar los brazos: die Arme ausstrecken
6 pegar: kleben

1. Describe cronológicamente las etapas de la vida de Mónica. Describe cuándo vive dónde y con quién está casada. ¿Qué hijos tiene?
2. Imaginad que sois un equipo de cine y queréis llevar a la pantalla la película de Mónica. Preparad un anuncio, buscad fotos en revistas o en Internet, inventad un título y añadid algunas palabras clave.
3. Caracteriza a Oscar.
4. Imagínate que eres Mónica y le escribes una carta a Silvia pidiéndole perdón y explicando tus motivos por aceptar el fraude.
5. ¿Qué opinas del comportamiento de Mónica? Ten en cuenta cómo se comporta con Oscar y su actitud frente el caso de Silvia.
6. Preparad el juicio a Oscar y Mónica y ponedlo en escena. En el juicio habrá un juez, un fiscal, un abogado defensor y Oscar y Mónica.

78

Padre y patriota

Escuchame bien: no quiero que esta noche ni nunca más vuelvas a aparecerte por aquí, con el agua sucia rodeándote[1]. Terminala con ese jueguito. ¿Qué pretendés[2]? ¿Agotarme[3], enloquecerme[4]? Todas las noches, apenas cierro los ojos, llegás hasta mí flotando[5], tus manos blancas 5 e hinchadas[6] se hunden[7] en el agua y juegan con formas oscuras, vuelven a girar y a flotar mientras tus ojos me perforan[8]. ¿Por qué me mirás así? A ver, decime, qué me reprochás, qué querés de mí. Que me tire al agua a hacerle compañía a... No me hagas decir lo que no quiero, yo 10 siempre te preservé[9] de ese mundo. ¿Así me pagás todos los sacrificios[10] que hice por vos: relacionándote con basuras, desapareciendo sin una sola palabra? ¿Qué razón tenías para irte? Porque lo que le dijiste a tu madre es una infamia[11]. Yo no hice más que cumplir con mi deber. Ella llora ahora 15 todo el día y me echa la culpa de las atrocidades[12] que se imagina que estás pasando. Vos sabés cómo es ella, con esa

1   rodear: umgeben
2   pretender a/c: *aquí* querer (e>ie) a/c
3   agotar a alg.: cansar a alg.
4   enloquecer (c>zc) a alg.: poner loco/-a a alg.
5   flotar: treiben
6   hinchado/-a: aufgedunsen
7   hundirse: sich versenken
8   perforar: durchbohren
9   preservar a alg. de a/c: proteger a alg. de a/c
10 el sacrificio: Opfer
11 la infamia: Gemeinheit, Niederträchtigkeit
12 la atrocidad: Gräuel

vocación[1] para el drama que heredó[2] de su vieja[3], alimentada por tanta telenovela que se traga. Pero aquí no hay ningún drama, todo está resuelto[4], yo me encargué[5] de que así fuera y si te fuiste de casa es porque se te dio la
5 gana y no porque yo te usé como cebo[6], como le dijiste a tu mamá.

Yo te lo advertí; el mismo día que trajiste a casa a Sarina y a José y se encerraron en tu pieza[7], te dije: «No me gustan nada esos dos, no te juntes con ellos», y me saliste[8] con que
10 tus amigos son tus amigos y que ya eras lo suficientemente mayor como para saber elegir. Me dolió, no sólo las palabras, sino el tono, tu mirada. Antes no me hablabas así, con ese desprecio[9] del que prefiero ni acordarme. Siempre fuimos buenos amigos ¿o no? ¿Te acordás cómo nos
15 divertíamos los sábados por la tarde jugando al fútbol en el terreno? Pero desde que conociste a esos comunistas de mierda nuestras charlas fueron raleando[10]. Siempre tenías una excusa a mano: que el estudio, que los parciales[11], siempre tenías tanto que hacer. ¿No será una minita[12]?, te
20 preguntaba yo, guiñándote el ojo[13], pero ni siquiera sonreías. Cerrabas la puerta de tu pieza y me dejabas afuera. Cada día más lejos, más extraño. Porque yo me di cuenta de que ya no me mirabas como antes, era como si no me quisieras

1 la vocación para a/c: der Hang zu etw.
2 heredar a/c de alg.: etw. von jdm. erben
3 la vieja: *fam.* la madre
4 estar resuelto/-a: geklärt sein
5 encargarse de a/c: ocuparse de a/c
6 el cebo: Köder
7 la pieza: *amer.* el cuarto
8 salir a alg. con a/c: *aquí* contestar a/c a alg.
9 el desprecio: Verachtung, Geringschätzung
10 ralear: disminuir
11 los parciales: los exámenes parciales
12 la minita: *amer. fam.* la mujer
13 guiñar el ojo a alg.: jdm. zuzwinkern

más, como si me juzgaras. Era evidente que te estaban llenando la cabeza de mierda.

Yo no quería que te sintieras mal conmigo, por eso después del encuentro en el café te dije que tus amigos me parecían pibes[1] muy piolas[2] y que yo me había equivocado, quizás por los pelos largos o por la manera de vestir que en mi juventud no se usaba. «Será que me estoy poniendo viejo», bromeé y ahí sí sonreíste, y esa noche nos quedamos comentando el partido de Vélez.

Cierto que no fue por casualidad que nos encontramos en el café de Lavalleja. Yo te seguí cuando saliste de casa y fingí[3] descubrirlos allí, un rato después. A los pocos minutos de observarlos, comprobé que estaba sobre la pista[4]. ¿Acaso no te diste cuenta de cómo se fruncieron[5] cuando me senté con ustedes? Yo tengo un ojo que no me engaña. A vos podrían engrupirte[6], pero a mí... imposible, reconozco un subversivo[7] a cien leguas[8] de distancia. De todas formas los dejé creer que me la tragaba[9] y hasta los felicité por sus estudios, ¡como si no supiera yo a qué van ellos a la facultad! Les dije que aunque estaba muy interesado en esa charla, debía irme y los saludé con simpatía, no me lo negarás, yo quería que te sintieras cómodo con tu padre.

Me escondí en el auto, que había estacionado en la esquina, y esperé que salieran del café. Vi, con alivio[10], cómo te despedías de ellos, después los seguí y así supe dónde se

1 el/la pibe/-a: *amer.* el/la chico/-a
2 piola: *amer.* listo/-a
3 fingir a/c: simular a/c
4 estar sobre la pista: auf der Spur sein
5 fruncirse: die Stirn runzeln
6 engrupir a alg.: *amer. fam.* engañar a alg.
7 el/la subversivo/a: Umstürzler/in
8 la legua: Meile
9 tragarse a/c: *fam.* creerse a/c
10 el alivio: Erleichterung

guardaban[1] y también dónde se juntaban con los otros. Los fuimos identificando, uno a uno caían como moscas al dulce[2]. Una tarde te vi llegar, como uno más. Te juro que creí que el corazón me iba a reventar[3] y sabés que no soy
5 flojo[4] como tu madre. La sangre me golpeaba la cabeza y en un primer momento, casi entro y te saco a patadas[5] y lo arruino[6] todo. Por suerte estoy acostumbrado a controlarme.

Mientras esperaba que salieran, comprendí que era imposible que formaras parte de la organización, que
10 seguramente te engañarían con cualquier macana[7] para sacarte información. Quién sabe qué te habrá mostrado la putita esa de Sarina para engatusarte[8]. Si las conoceré, con esas caras de nada y en cuanto las apretás[9] un poco y empiezan a hablar... ni te imaginás las barbaridades que
15 son capaces de hacer. Pero no me hagas hablar de lo que me encargué tantos años de ocultarte. ¡Sacarte información! ¡Serán infelices! Vos y tu madre nunca conocieron ningún detalle de mi trabajo, no por falta de confianza, sino porque yo no quería preocuparlos. Siempre resguardé[10] a mi familia,
20 ustedes son lo único limpio, lo único puro en este chiquero[11]. No me quiero poner sentimental, pero creeme, por favor, y dejá de mirarme desde el agua turbia[12]: lo hice para

---

1 guardarse: *aquí* vivir
2 caer como moscas al dulce: *loc.* wie die Fliegen von der Wand fallen
3 reventar (e>ie): *aquí* romper
4 flojo/-a: schwach
5 la patada: Tritt
6 arruinar a/c: etw. ruinieren
7 la macana: *amer.* la mentira
8 engatusar a alg.: jdn. bezirzen, umgarnen
9 apretar a alg.: *hier* jdn. in die Ecke treiben
10 resguardar a alg.: proteger a alg.
11 el chiquero: Schweinestall
12 turbio/-a: trübe

ayudarte. Ellos te estaban reventando[1]. Vos no entendés nada porque, aunque ahora te hagas el grande y se te dé por desaparecer, todavía sos[2] un pibe. Pero yo estoy obligado a verlos todos los días, sé cómo actúan y de qué tretas se valen[3] para usar a gente limpia como vos. No me mires así. Tenés razón, no estoy obligado, me gusta mi trabajo, lo hago bien. Este país se está pudriendo[4] con ideologías foráneas[5] y hay que limpiarlo de esa carroña[6].

Si no te dije nada después de aquella tarde en el café de Lavalleja, ni las otras veces en que te encontré, siguiendo a uno de ellos, fue porque no quería que volviéramos a discutir. Comprendeme, si entonces te hubiera hablado, me habría visto forzado a explicarte tantas cosas de las que nunca quise que te enteraras. No había necesidad. Todo estaba bien hasta que te juntaste con esos comunistas de mierda. Pero no fue sólo por apartarte[7] de ellos que lo hice, yo cumplí con mi deber. Y me aseguré de que vos no estuvieras ahí, cuando nos los llevamos. No sé quién te lo dijo, pero ahí tenés una prueba más de cómo te quieren hacer mal, creando un enfrentamiento[8] entre nosotros que siempre fuimos tan unidos.

¿Por qué te empeñás[9] en desaparecer? Podés volver cuando quieras. Tu padre sabe hacer bien las cosas. Atendeme[10], pensaba no contártelo, pero mejor que lo sepas y no me sigas mirando así todas las noches. Yo les dije a mis

---

1   reventar (e>ie) a alg.: *aquí* destruir a alg.
2   sos: *arg.* (tú) eres
3   valerse de una treta: *etwa* eine List gebrauchen
4   pudrirse: verfaulen
5   foráneo/-a: extranjero/-a, extraño/-a
6   la carroña: Aas
7   apartar a alg. de alg.: separar a alg. de alg.
8   el enfrentamiento: el conflicto
9   empeñarse en a/c: auf etw. bestehen
10 atendeme: *arg.* escúchame

superiores que habíamos hecho un acuerdo porque vos te diste cuenta de que andaban en algo, y te viste durante un tiempo haciéndoles el entre[1] hasta que juntáramos todos los datos. Y me creyeron, te juro que me creyeron, tu madre
5 piensa que no y que a vos también te secuestraron[2], pero ella no entiende nada de estas cosas.

No podía permitir que se sospechara que mi propio hijo es un subversivo, por eso ya antes te cubrí con esa pequeña mentira necesaria. Andá a saber lo que Sarina o la Polaca o
10 el mismo José podían cantar de vos, ésos, con tal de salvar el pellejo[3], venden hasta a la madre, si los conoceré. Y si bien yo sé que no estabas en la cosa porque es imposible un pibe criado como vos, los otros no lo saben. Y ésta es una guerra. Una guerra peligrosa. No tenías por qué irte de
15 casa, aquí ibas a estar protegido. ¿Quién se va a atrever[4] a meterse con mi hijo?

Ahora que ya sabés todo, dejá de mirarme así. No aparezcas más por las noches, no flotes en el agua sucia, no te pierdas entre cuerpos hinchados, no juegues con tus
20 manos blancas con esos otros cuerpos. No tenés derecho a perturbar[5] mi sueño. Soy sólo un buen padre y un patriota. Deberías estar orgulloso, a mi lado, estudiando y yendo a los bailes y jugando juntos al fútbol, los sábados por la tarde, como siempre.

---

1 hacer el entre: *etwa* spionieren
2 secuestrar a alg.: jdn. entführen
3 salvar el pellejo: *loc.* seine Haut retten
4 atreverse a/c: sich etw. trauen
5 perturbar a/c: etw. stören

1. ¿Quién habla en este cuento? Ten en cuenta el título y presenta al narrador.
2. Analiza el sueño del padre. Describe las imágenes e interpreta su significado.
3. Analiza las técnicas narrativas de este cuento teniendo en cuenta la perspectiva narrativa, el lenguaje y aspectos del contenido.
4. Juzga la actitud del padre frente a los jóvenes.

El despromovido[1]

Cuando subió al tren en la estación de Luján, aquel tipo ya estaba allí. No lo eligió para recorrer juntos el trayecto[2] hasta Once, fue el azar[3] de cada domingo por la noche, cuando los últimos trenes llegan casi llenos desde Mercedes
5 y resulta imposible encontrar un asiento solitario. Marcos había atravesado los pasos de un ceremonial[4] que otros muchos pasajeros repetirían sin suerte: recorrió el pasillo central del vagón con el cuello estirado y los ojos muy abiertos buscando un asiento doble sin ocupantes.
10 No deja de ser desalentador[5] que cientos de personas obligadas y dispuestas a viajar juntas se esfuercen[6] por subrayar el interés en viajar solas, piensa ahora, refugiado[7] en el balcón de su casa. No quiere que su insomnio[8] despierte a Maite. Ella no sabe nada, Marcos ha decidido
15 no contarle lo que le sucedió en el tren, como si fuera él ahora quien debe guardar el secreto, quien debe ocultarse.
Al llegar a la mitad del pasillo, Marcos se detuvo y paseó una mirada distraída con la que pretendía[9] atrapar[10] la persona más anodina[11], la menos llamativa, con quien

---

1 el despromovido: *etwa* der Degradierte
2 el trayecto: Bahnstrecke
3 el azar: Zufall
4 el ceremonial: Zeremonie
5 desalentador/a: entmutigend
6 esforzarse (o>ue) por a/c: sich um etw. bemühen
7 refugiarse: fliehen, *hier* sich zurückziehen
8 el insomnio: Schlaflosigkeit
9 pretender a/c: tener la intención de a/c
10 atrapar: *aquí* encontrar (o>ue)
11 anodino/-a: aburrido/-a

compartiría la próxima hora y media de su vida. Aunque tampoco puede desprenderse de la responsabilidad[1] de haberse sentado a su lado, y no al lado de cualquier otro, de alguna manera lo eligió entre todos los pasajeros del tren, reconoce mientras enciende un cigarrillo. Fue su cara neutra, esa expresión ausente[2] en sus ojos, ni muy alto, ni muy bajo, ni muy joven, ni muy viejo, sin señas particulares[3] visibles, como diría algún formulario. Y si Marcos no quería hablar con nadie, ¿por qué, cuando pasaron por Lezica, le respondió a su primera pregunta?

—¿Qué pone en el cartel? No lo he podido leer. Podría haber hecho un simple hum, o alzarse de hombros[4] como si no conociera la respuesta y perder su vista en la revista, pero no.

—Lezica y Torrezuri.

—Vale, gracias.

Sintió curiosidad cuando escuchó esas palabras: pone, vale, el leve[5] ceceo[6]. ¿No lo habrá invitado él, sin querer, a llenar de palabras esa hora y pico que faltaba? Tampoco podría decir que el hombre había insistido[7] en hablar. Las frases se fueron encadenando[8] naturalmente. Ahora, mientras camina impaciente por el balcón de su casa, se propone recordar frase a frase, hasta las más intrascendentes[9], para saber cómo llegaron a que Marcos le

---

1 desprenderse de la responsabilidad: sich aus der Verantwortung ziehen
2 ausente: contrario de *presente*
3 las señas particulares: unveränderliche Kennzeichen
4 alzarse de hombros: mit den Schultern zucken
5 leve: leicht
6 el ceceo: manera de pronunciar la *s* en algunas regiones españolas, por ejemplo *la casa* [kaθa]
7 insistir en a/c: auf etw. bestehen
8 encadenarse: sich aneinander reihen
9 intrascendente: poco importante

dijera su nombre y apellido, porque fue entonces que todo tomó ese disparatado[1] curso. Fue él quien hizo la segunda pregunta.

—No sos argentino —lo tuteó—. ¿Gallego? El hombre
5 sonrió:

—No, no soy gallego, soy argentino, pero vivo en España, hace muchos, muchos años, tantos que ya ni conozco las estaciones de tren. ¡Tantas cosas han cambiado en estos años! —y entonces hubo un frenazo[2], como si lamentara[3]
10 haberse expresado demasiado, y como para cerrar agregó[4]—: Bueno, es lógico, yo no hacía habitualmente este trayecto cuando vivía en Argentina.

En ese punto, cuando supo que el hombre, aunque afable[5], tampoco era de esos que le gusta andar contando
15 su vida por ahí, parco[6] como él mismo, Marcos pudo haberse callado, tan tranquilo y la vida como siempre. Aplasta[7] el cigarrillo contra la baldosa[8] con el pie, como si en esa fosforescencia roja estuviera lo que el hombre le contó.

Tampoco Marcos es de los que van haciendo negocios en
20 los trenes, o en donde sea. Algo le cayó bien del tipo, debe reconocerlo, aunque no había nada demasiado especial en lo que hablaban, lugares comunes: el estado de los trenes en la Argentina, los de alta velocidad en Europa, los cambios que encontraba en la ciudad. A la altura[9] de
25 Moreno, cuando hicieron el trasbordo[10], el hombre le caía

1 disparatado/-a: absurdo/-a
2 el frenazo: *aquí* la interrupción
3 lamentar a/c: etw. bedauern
4 agregar a/c: añadir a/c
5 afable: agradable
6 parco/-a: wortkarg
7 aplastar a/c: *hier* ausdrücken
8 la baldosa: Fliese
9 a la altura de: auf der Höhe von
10 hacer el trasbordo: cambiar de tren

francamente bien, casi un cómplice. A propósito de la carne, Marcos le contó que había visto a unos turistas sacando fotos a la carne argentina en un restorán de Puerto Madero[1].

—¿Estuviste en Puerto Madero? —le preguntó.

Un escueto[2] sí fue su respuesta, era prudente[3], pero Marcos adivinó en su expresión tensa[4], contenida[5], un leve disgusto, un cierto rechazo[6], el mismo que él siente por ese símbolo de los años noventa, por más bello y pintoresco que sea. Eso ya creó una alianza y Marcos entonces se olvidó de que lo que estaba buscando era alguien con quien no hablar, que no existiera, que lo dejara a él con sus pensamientos.

Tal vez por ese capricho[7] hospitalario[8] de los argentinos con los extranjeros —el otro era un extranjero aunque argentino—, o aún peor: para mostrarle al otro que tiene la precisa[9], esa porteñada[10], lo cierto es que Marcos le recomendó una parrilla[11] donde hacían la carne como en ningún lado, barata y con una atención excelente. Decí que vas de parte mía, él, el piola[12], el amigo del dueño, Marcos Waissman.

---

1 Puerto Madero: barrio exclusivo de Buenos Aires
2 escueto/-a: knapp
3 prudente: vorsichtig, bedacht
4 tenso/-a: angespannt
5 contenido/-a: beherrscht
6 el rechazo: Abneigung
7 el capricho: Marotte
8 hospitalario/-a: gastfreundlich
9 tener la precisa: *arg. fam. etwa* im Recht / überlegen sein
10 la porteñada: freie Wortschöpfung, *etwa* Unart der porteños (habitantes de Buenos Aires)
11 la parilla: Grillrestaurant
12 piola: *amer.* listo/-a

Entonces el hombre abrió los ojos y le dijo muy lentamente, con una voz que parecía venir de muy lejos, del más absoluto asombro[1].

—¿Vos? ¿Vos sos Marcos Waissman? ¿En serio sos Marcos Waissman?

Lo primero que pensó Marcos es que el tipo se había confundido[2], porque él tampoco es nadie conocido, nadie de la revista Caras, ni de la política, ni de la farándula[3], ni del arte, nadie como para que un tipo que vive afuera hace años sepa quién es.

Y recuerda ahora esa sensación absurda que lo invadió[4], ese querer ser, aunque sea por un rato, el Marcos Waissman que el tipo creía, el que le emocionaba tanto encontrar.

—¿Marcos Waissman ? —insistió—. ¿De agosto del 47?

Pero ¿qué estaba pasando? ¿Por qué ese hombre sabía la fecha de su nacimiento? Y era auténtica emoción lo que mostraba, piensa ahora mientras enciende otro cigarrillo, pero cómo iba a imaginar Marcos a qué se debía[5].

—Pensé en buscarte hace tiempo —la voz turbada[6], conmovida[7]—. Hace años que lo imagino, pero no lo hice, y de hecho, tampoco creo que te hubiera buscado ahora, en este viaje.

—¿A mí me buscabas?   le preguntó, y en voz más baja—, ¿y por qué?

Se arrepintió[8] de inmediato, Marcos no quería saber. Había acertado[9] la fecha de casualidad. Era un loco, o un

---

1 el asombro: Erstaunen
2 confundirse: equivocarse
3 la farándula: *arg.* Showbusiness
4 invadir a alg.: jdn. überkommen
5 deberse a a/c: tener por causa a/c
6 turbado/-a: intranquilo/-a, inquieto/-a
7 conmovido/-a: bewegt
8 arrepentirse (e>ie,i) de a/c: etw. bereuen
9 acertar (e>ie) a/c: etw. erraten

homosexual que quería levantárselo[1] con ese verso, y él, sin darse cuenta, le había dado calce[2]. Debería haberse sumergido[3] en la revista. Sin embargo, no pudo sustraerse[4] a la mirada húmeda y agradecida fija en él, un
absoluto desconocido tan queriéndolo, así, de golpe y 5 porque sí. El hombre tardó un tiempo en responderle. No debió ser fácil confesárselo[5], admite ahora, mientras se sirve un whisky en el living.

—Porque yo fui vos durante años —le reveló al fin, casi feliz. 10

Entonces Marcos abrió la revista, tratando de desentenderse, pero no pudo impedir que esa voz grave y susurrante[6] se lo contara, haciendo caso omiso[7] de la página abierta que Marcos nunca leyó.

—Yo militaba[8] en Montoneros[9], pero tuve diferencias 15 importantes con la línea que imponía[10] la conducción[11], no estaba de acuerdo con tomar las armas y lo dije. La organización me «despromovió». ¿Cómo explicarte? Ni adentro ni afuera. Yo no fui el único despromovido. El oficial[12] responsable decía en una reunión: «Lo adecuado es 20 que el compañero sea despromovido para que procese sus

---

1 levantar: *vulg.* anmachen
2 dar calce: *hier* eine Vorlage geben
3 sumergirse en a/c: sich in etw. vertiefen
4 sustraerse de a/c: sich etw. entziehen
5 confesar a/c: etw. gestehen, zugeben
6 susurrante: flüsternd
7 hacer caso omiso de a/c: no prestar atención a a/c
8 militar en: ser miembro de
9 Montoneros: una organización guerillera argentina durante la dictadura
10 imponer a/c: *aquí* decidir a/c
11 la conducción: los jefes, los líderes
12 el oficial: el líder

disidencias[1] en la base, y no impida el correcto
funcionamiento», y ya, la sentencia[2]. Era duro ser
despromovido: tus amigos —todos militantes a esa altura—
desconfiaban[3] de ti, eras el blanco[4] fácil de cualquiera al
5   que le caías mal por no importa qué motivo, no tenías más
responsabilidades. Y María, mi mujer, era un cuadro[5]
importante. Nos separamos y yo le dejé la casa que
alquilaba, sabiendo que allí se seguirían haciendo trabajos
de prensa[6]. Dejarles la casa era lo correcto. Y también una
10 puerta abierta, un permiso a mi libertad, una buena manera
de estar sin estar, y resolver mis contradicciones[7]. Yo me
sentía parte de la Orga, aunque no estuviera de acuerdo
con la lucha armada.
      »No podía ni imaginar lo que iba a suceder unos meses
15 después. Y no fue por ellos que lo supe, lo leí en el periódico:
en mi casa, en la casa alquilada a mi nombre, habían
encontrado el cadáver de un hombre muy conocido. De
María y de los otros compañeros ni palabra, el único con
nombre y apellido era yo. Y entre hacer volantes[8] y
20 secuestrar[9] y matar a un tipo importante hay una pequeña
diferencia.
      »Yo estaba en una pensión de Jujuy con Mirta, mi nueva
compañera, cuando me sorprendió la noticia. Nuestro plan
era seguir hacia el norte: Bolivia, Perú, y más, una
25 Latinoamérica idealizada por nuestra juventud, que nos

1   procesar sus disidencias: seine Abtrünnigkeit, Abspaltung
    überdenken
2   la sentencia: Urteil
3   desconfiar de alg.: no tener confianza en alg.
4   el blanco: Ziel
5   el cuadro: el líder
6   la prensa: Druck, Presse
7   la contradicción: Widerspruch, Zweifel
8   el volante: Flugblatt
9   secuestrar a alg.: jdn. entführen

recibiría con los brazos abiertos para vivirla a fondo, y nos ofrecería trabajos temporarios para seguir recorriéndola Pero qué frontera íbamos a pasar si, según el periódico, yo me «había dado a la fuga[1]» y estaban persiguiéndome[2].

»¿Y ahora qué vamos a hacer?, me preguntó Mirta, mientras preparaba su bolso, con la intención de rajarse[3]. 5

»De un teléfono público llamé a alguien de la Orga, tampoco a ellos les convenía[4] que me detuvieran[5]. Me ofrecieron seguridad, estaría escondido hasta que pudieran sacarme del país. 10

»Siete meses estuve encerrado, Mirta me vino a ver un par de veces, y en una de esas visitas... zas; pero eso te lo cuento después. Al fin me trajeron tu pasaporte, mi foto, tu nombre, tu fecha de nacimiento, tu número de documento. Repetí varias veces los datos para hacerme a la idea. 15

»Mirta viajó con su propio pasaporte, ella no estaba fichada[6], y Lucila en su panza[7]. Lucila Waissman, como la anotamos[8] en México.

—¿Qué? —los ojos de Marcos desencajados[9]—. ¿Tuviste una hija y la reconociste con mi pasaporte? 20

—Sí, tuvimos una hija, preciosa, tiene veintiséis años y vive en un barco, en Inglaterra. Y con tu pasaporte también me casé con Mirta.

---

1 darse a la fuga: flüchtig sein
2 perseguir (e>i) a alg.: *aquí* buscar a alg.
3 rajarse: *arg. fam.* irse
4 convenir (e>ie): gustar, parecer (c>zc) bien
5 detener (e>ie) a alg.: jdn. festnehmen
6 estar fichado/a: vorbestraft sein
7 la panza: Bauch
8 anotar a alg.: registrar a alg.
9 desencajado/-a: verzerrt

—¿Pero cómo es posible? —Marcos no podía recuperarse del asombro[1]—. ¡Entonces soy bígamo[2]! Es increíble, aquel tipo, el que me convenció de que le entregara[3] mi pasaporte y denunciara su pérdida unos meses después, me dijo que
5 era para salvarle la vida a alguien, jamás pensé que lo iban a usar para casarse, para tener hijos. ¿Te das cuenta de los kilombos[4] que pude tener si mi mujer se enteraba que tenía una hija en México, que allí estaba casado con otra?

—Yo también tuve problemas. ¿Qué crees? Tengo seis
10 años menos que tú. ¿Ves esta calva[5]? No es nueva, con el afán[6] que puse en parecer mayor, en tener tu edad y no la mía, a los veinticuatro se me empezó a caer el pelo, a los treinta tenía esta... ¿cómo se decía?... esta bocha[7], esta bola de billar que ves ahora. Y con lo de tu apellido, ¡vaya
15 historias que viví!

»Una vez en México, te vas a reír, había una chavala[8], una mexicana, en la facultad, que me miraba con ganas, o eso me pareció. Me invitó a cenar a su casa. Hasta perfume me puse. Cuando entré y vi la mesa puesta, las velas, no lo
20 dudé: esa noche me la tiraba[9]. Ella me anunció unos platos que había preparado, los nombraba como paladeándolos[10], y yo ni idea de qué me hablaba, pero antes, me dijo, tenía una sorpresa para mí, imagina lo que pensé. Pero no. Esther sacó libros, papeles, y me preguntó si mis padres eran de tal

---

1   recuperarse del asombro: aus dem Staunen herauskommen
2   ser bígamo/-a: tener dos esposos/as
3   entregar a/c a alg.: dar a/c a alg.
4   el kilombo: *arg. fam.* un problema muy grande
5   la calva: Glatze
6   poner afán en a/c: etw. mit Eifer machen
7   la bocha: *arg. fam.* la cabeza
8   el/la chaval/a: el/la chico/a
9   tirarse a alg.: *vulg.* mit jdm. schlafen
10 paladear a/c: etw. schmecken

o de tal pueblo de Alemania. Ella también era judía[1]. Y una
experta. Me pareció imposible improvisar, ya bastante era
inventarme una biografía con seis años más, le dije que mi
familia no hablaba nunca de su pasado, que lo habían
dejado atrás, seguramente porque no quería que nosotros, 5
sus hijos, sufriéramos[2] lo que ellos cuando emigraron a la
Argentina. A propósito, Marcos, ¿fue tu padre o tu abuelo?
¿Huyeron de los progroms[3] a fines del XIX, con la guerra o
cuándo? Me lo han preguntado infinitas[4] veces.

—Mi padre es un sobreviviente[5] de un campo de 10
concentración[6], la familia de mi madre, rusa, vino antes de
la guerra.

—Yo, desde aquella noche en México, hice a tu abuelo
ya en la Argentina, me daba no sé qué meterme con la
guerra, aunque era más fácil, está el cine, la literatura. Pero 15
si me encontraba con otra como Esther... Me soltó un
discurso[7] insoportable —aunque sensato— sobre el error de
mis padres en ocultar sus raíces[8], y me tuvo horas, días,
explicándome. Al fin se enrolló[9] con Fishbein, otro
argentino, judío pero de verdad. Eso es algo que tuve que 20
aprender, atribuir[10] los méritos[11] de mi inteligencia, de mi
constancia[12], de mis sesudas[13] elucubraciones[14], a mis raíces

---

1   el/la judío/-a: Jude/Jüdin
2   sufrir a/c: etw. erleiden
3   el progrom *arg.* für *el pogromo*: Pogrom, Judenverfolgung
4   infinito/-a: que no se puede contar
5   el/la sobreviviente: Überlebender/e
6   el campo de concentración: Konzentrationslager
7   soltar (o>ue) un discurso a alg.: jdm. einen Vortrag halten
8   la raíz: Wurzel, Ursprung
9   enrollarse con alg.: *fam.* sich mit jdm. einlassen
10 atribuir a/c: etw. zuschreiben
11 el mérito: Verdienst
12 la constancia: Beständigkeit, Ausdauer
13 sesudo/-a: gescheit
14 la elucubración: Überlegung

judías. Pero en España, no sólo no me sirvió para nada, sino que perdí una chica con la que salía y que me gustaba mucho. «Lo lamento, Marcos, mis padres son muy católicos y me han prohibido que salga contigo», me dijo. Y eran
5 vascos, como yo.

—¿También en España viviste con mi nombre?

—Sí, muchos años. Tantos que, al final, ya ni sabía quién era. Para regularizar la situación tenía que venir a la Argentina, blanquear[1], encontrarme con un pasado
10 doloroso, todo muy duro. Pero lo hice, por Lucila. Hace cinco años que tiene mi apellido. Ondart. Perdón, no me he presentado, Juan José Ondart, mucho gusto, Marcos Waissman, estoy verdaderamente encantado de conocerte, y muy pero muy agradecido. Si puedo hacer algo por vos,
15 no dudes en pedírmelo.

Fue una idea fugaz[2], que no alcanzó[3] a tomar consistencia[4] en el tren, apenas una frase: sí, lo mismo que yo hice por vos; pero Marcos sólo le pidió que le contara más, necesitaba saber qué había estado haciendo su
20 nombre tantos años en otras ciudades, en otros continentes. ¿Cómo él no se enteró nunca? Porque el otro Marcos Waissman no hizo nada raro, ningún desfalco[5], ningún asesinato —una risa simpática— no, te dejé bien afuera, quedate tranquilo, escribí artículos con un cierto éxito, eres
25 bastante conocido en el medio publicitario, y en cine, una autoridad. ¿Te gusta el cine?, le preguntó.

Marcos se alzó de hombros, un poco achicado[6] por la palabra autoridad, él va al cine, no mucho, porque discute

---

1 blanquear: *aquí* borrar
2 fugaz: flüchtig
3 alcanzar: ausreichen
4 tomar consistencia: Form bekommen
5 el desfalco: Veruntreuung, Unterschlagung
6 achicado/-a: eingeschüchtert

horas con Maite que nunca entiende lo mismo que él de las películas. Le gustaría leer los artículos —y mostrárselos a Maite—, pensó insólitamente[1]. ¿Estarán en internet?, le preguntó. Juan José no sabía, probablemente, pero tenía fotocopias, ¿se las enviaba? 5

—¿Y la vida amorosa? —preguntó, aún repicando[2] ese temor que había sentido de que el tipo fuera gay, que Marcos Waissman en Europa, en México, fuera gay. No podría decir por qué, pero no le gustaba la idea.

Dos mujeres formales[3], la primera, la que lo metió en el 10 lío no la cuenta, Mirta y una alemana. De Mirta se separó, con la otra no hubo papeles, tampoco hijos. ¿Amantes[4]? Ondart sonrió misteriosamente.

—¿Cuántas? ¿Muchas?

No puso ningún reparo[5] en responder, una manera de 15 reconocerle algún derecho, después de años de usurpar[6] su nombre, su vida misma.

—Nunca las conté, lo normal, unas veinticinco, treinta, quizás alguna más... A ver si me acuerdo de alguna remarcable... Sí, una francesa que hacía películas porno 20 pero de calidad, guapísima; una ecuatoriana militante y muy sensual, qué mujer maravillosa, a ella casi le cuento la verdad, pero me contuve[7], años de disciplina; la mujer del director de la agencia, una burguesa interesante; una directora de cine a quien le va bastante bien ahora; una... 25

---

1   insólito/-a: inhabitual
2   repicar a/c: *hier* etw. zerstreuen
3   formal: oficial
4   el/la amante: Geliebte
5   poner reparo en a/c: Einwände gegen etw. haben
6   usurpar a/c: etw. widerrechtlich an sich reißen
7   contenerse (e>ie): sich beherrschen

rara mezcla de ternura[1], erotismo, lucidez[2], pero una bruja[3] que... No, qué estoy diciendo, ésa no, porque ya era Juan José. Tienes suerte —le dijo con acento gallego—, eran mejores las de Marcos que las de Juan José.

5   Y esta vez Marcos, orgulloso, lo acompañó en la risa. ¿Y dónde había vivido con su nombre? En México, en el DF, luego en Madrid, unos meses en Londres, en París, largos meses en Hannover, con su mujer alemana, en Praga, cuando fue por lo de los artículos y se quedó más de un año,
10 pero cómo me olvidé: Tina, fantástica, lástima que no haya querido venirse conmigo a Madrid.

Y Marcos, una sola ciudad, Buenos Aires, de Lomas de Zamora al centro, ya de novio con Maite, uno que otro viajecito a Mar del Plata, a Mar de Ajó, Bariloche para los
15 veinte años de casados, avión y autobús, todo un derroche[4]. Le sobran[5] los dedos de la mano para contar las amantes, cuando tuvo esa aventura con la contadora[6] se moría de miedo de que Maite o su jefe se enteraran. Mientras tanto, este tipo, que quién sabe si no fue él quien mató al otro, por
20 qué tiene que creerle, paseándose por todo el mundo, con mujeres espectaculares, diosas, y ganando seguramente mucha más guita[7] que él. Y encima seis años menor.

Sin embargo, cuando le contó la primera parte de su historia, a Marcos hasta le dio pena[8], pobre tipo, sin comerla
25 ni beberla, tener que exiliarse en una ciudad desconocida, sin un mango[9] y con la nena que acababa de nacer, teniendo

---

1 la ternura: Zartheit, Sanftheit
2 la lucidez: Scharfsinn
3 la bruja: Hexe
4 el derroche: Verschwendung, Vergeudung
5 sobrar: ser suficiente
6 el/la contador/a: Buchhalter/in
7 la guita: *arg. fam.* el dinero
8 dar pena a alg.: jdm. Leid tun
9 sin un mango: *amer. fam.* sin dinero, sin nada

que fingir[1] que era mayor y judío, y con la mujer que le
pasaba factura[2] por haberse ido con él, hay que ver las
minas[3], siempre reclamando. Él no la obligó, Mirta fue
porque quería, y embarazada encima en esa situación.
Aunque valiente la piba[4], Maite no se animó nunca y no se   5
movió de Buenos Aires.

Marcos, ya en el tercer whisky, mira a Maite dormida, y
se pregunta por qué se ha quedado toda la vida con ella. La
quiere, sí, no como cuando se fueron a vivir al centro, tantas
esperanzas, pero tampoco le tiene bronca como en esos   10
años en los que ella, siempre cansada, reventada[5],
protestando, cómo vamos a tener chicos si no tenemos un
mango. ¿Cuántas tienen menos y tuvieron hijos? Cuando
Marcos se puso por su cuenta[6] y se pudieron mudar a otro
departamento y comprarse el auto, ya se habían olvidado   15
de los hijos, ellos son así, solos, siempre tíos; y ahora resulta
que una chica que vive en Inglaterra, en un barco, es, fue,
durante años su hija, en los papeles.

Con el cuarto whisky, Marcos se convence de que debió
haber renunciado[7] al banco mucho antes, que tendría que   20
haberse animado con aquella chica, que debió separarse
cuando Maite se negó a tener hijos, que no debió aceptar
ese socio[8]. Pero él siempre inmóvil, como si algo lo retuviera[9]
en esa siempre misma vida, sin saber por qué. Ahora lo
entiende, es porque Juan José Ondart se la usurpó.   25

1   fingir a/c: simular a/c
2   pasar factura a alg.: jdm. etw. heimzahlen
3   la mina: *amer. fam.* la mujer
4   el/la pibe/-a: *arg.* el/la chico/-a
5   reventado/-a: *fam.* muy cansado/-a
6   ponerse por su cuenta: sich selbstständig machen
7   renunciar a a/c: auf etw. verzichten
8   el/la socio/-a: (Geschäfts-)Partner/in
9   retener (e>ie) a alg.: jdn. zurückhalten

El otro la pasó mal, cierto, no es para envidiarlo, pero vivió de todo, no es para compadecerlo[1] tampoco, bien le hubiera gustado a Marcos estar en todas esas ciudades, y escribir en revistas y diarios y tener tantas mujeres. Y quién
5 sabe cuánto más, porque apenas conoce lo que tuvo tiempo de preguntarle en el tren.

Ahora trata de recordar a ese compañero de colegio que le pidió su pasaporte para salvar a un amigo. Fue un encuentro casual[2], Marcos le tenía cariño pero ya no
10 compartían nada en aquel entonces. Hablaron mucho en ese bar. No recuerda cómo logró convencerlo, sí que se lo ocultó[3] siempre a Maite, sabía que ella no estaría de acuerdo. A él, en cambio, le produjo una secreta alegría que no se agotó[4] —debe reconocer— el día que denunció
15 en la policía el robo de su pasaporte. No, le duró años. Cuando se enteró por los diarios, durante el Juicio a las juntas, de lo que no quiso ver, de lo que apenas lo rozó[5] por azar[6], se felicitó. Era más algo suyo, un tímido orgullo, que la historia que le contó su antiguo amigo a quien no volvió a
20 ver. Cómo imaginarse que la vida lo iba a enfrentar un día a su otro yo.

El quinto whisky, mañana no va a trabajar, hablará con Ondart. Si necesita algo, que cuente con él, le dijo. Bien, quiere sus papeles, su documento, su identidad, quiere irse
25 del país, de su siempre misma vida. Ahora le toca a Marcos.

Tan simpático que parecía Juan José en el tren, tan no dudes en pedírmelo, y a la hora de los papeles, nunca mejor

---

1 compadecer (c>zc) a alg.: jdn. bemitleiden
2 casual: zufällig
3 ocultar a/c a alg.: etw. vor jdm. verbergen
4 agotarse: sich erschöpfen, aufbrauchen
5 rozar: streifen, leicht berühren
6 por azar: zufällig, beiläufig

dicho, el tipo que no y que no. Que cómo podía ocurrírsele[1] algo así, no estamos en dictadura, y Marcos no ha robado, ni estafado[2] a nadie, según le ha dicho a Juan José, no tiene razón alguna para huir. Sí que la tiene, está harto, de todo.

Juan José le está muy agradecido, pero le parece de una frivolidad extrema —que lo disculpe pero no puede decirlo de otra manera— querer ser él, sólo porque está cansado de su vida. Que se vaya, que se lo diga a su mujer, a su socio, que lo deje todo. Pero querer que le pase lo mismo que a Juan José en 1975... no sabe lo que dice. Lejos ese gesto duro, esa voz crispada[3], del agradable que se emocionó nada más conocer el nombre de Marcos: ¿Tienes idea de lo que significa no vivir con tu propio nombre, estar disimulando[4], escondiendo, forzando, resbalando[5] el día entero a una zona de peligro?

Claro que le contó esa anécdota de México jocosamente[6], mirado de lejos, hasta puede ser divertido. Podría contarle muchas otras que no lo harían reír: no poder volver cuando tu madre se está muriendo, regañar[7] a tu hija de cuatro años porque dijo papá Juan, no, papá se llama Marcos, la niña llorando porque no entiende, escuchar una mujer enamorada llamándote con otro nombre, inventarte serio, un hombre seis años mayor, escribirte una historia que desconoces para no meter la pata[8] otra vez, reservar todos

---

1 ocurrirse: etw. einfallen
2 estafar a alg.: engañar a alg.
3 crispado/-a: gereizt
4 disimular: verbergen, verstellen
5 resbalar: gleiten, rutschen
6 jocoso/-a: divertido/-a, cómico/-a
7 regañar a alg.: mit jdm. schimpfen
8 meter la pata: ins Fettnäpfchen treten

tus recuerdos con candado[1] porque cómo ibas a haber
remado[2] en Rowing, por favor.

Marcos pensó que Ondart tenía razón, pero él también a
su modo, y ya no estaba borracho como anoche. Lo que
5 Juan José le reveló[3] de su vida con el nombre de Marcos, le
mostraba todo lo que él no hizo, esos artículos escritos con
su nombre, esas mujeres, esas ciudades, esos trabajos. ¡Una
hija! Qué le costaba darle su documento, ponerle la foto de
Marcos, y sobre todo prestarle ese pasado que Marcos
10 ahora podría contar a quienes conociera. Le quedaba
cuánto de vida, diez, quince años. ¿Cuánto tiempo usó
Ondart su nombre? Años.

Juan José lo miraba serio, sin pronunciar palabra.
Marcos supo que lo estaba escuchando, y negoció[4]: Ni
15 siquiera te pido el pasaporte, dame la cédula de identidad[5],
el DNI, me voy a Brasil no más, y contame tu vida con mi
nombre en Londres, en Madrid, en Praga.

Encontrarse con Sbartti después de tantos años y para
pedirle un favor era una pesadilla para Juan José. Lo
20 contactó por María, su primera ex mujer. Y ahí estaba,
entrando en el café La Paz, canoso[6], rengo[7] y con los brazos
abiertos para estrecharlo. Los rencores[8] fundidos[9] en un
abrazo. Tenía que pedirle un favor, Sbartti, no va a decirle
por qué, lo mismo que alguien había hecho años atrás, pero

---

1 el candado: Vorhängeschloss
2 remar: rudern
3 revelar a/c a alg.: jdm. etw. enthüllen
4 negociar: verhandeln
5 la cédula de identidad: *amer.* Personalausweis
6 canoso/-a: con pelo gris
7 rengo/-a: hinkend
8 el rencor: Groll
9 fundir: schmelzen

al revés[1]. Y no tendría otra que otorgárselo[2], que se las arreglara. Al fin fue Sbartti, Juan José se enteró años después, en Madrid, uno de los responsables del cadáver en su casa, la que le dejó a María.

—¿Vamos ao cinema, Joao José? —pregunta Berenice, acercándole una caipirinha.   5

—Cine no, ricura[3] —responde Marcos, una sonrisa espléndida en su cara bronceada—. Demasiados años escribiendo sobre cine, ahora playa y amor. En Londres me harté de ver cine, pero allí llueve mucho. Aquí hay sol,   10
playa. E você.

1. Escribe una noticia de prensa que trata del encuentro de los dos hombres en el tren.
2. Compara la vida de los dos hombres.
3. Explica el título relacionándolo con los dos personajes.
4. ¿Qué opinas de los motivos por los que Marcos quiere tener la identidad de Juan José?
5. Marcos, que ahora se llama Juan, ha conseguido a vivir en Brasil. ¿Qué vida lleva ahí? Inventa diferentes lugares, trabajos interesantes y aventuras.

---

1   al revés: andersherum
2   otorgar a/c: etw. bewilligen
3   ricura: *amer. fam.* Schatz

Anexo

La dictadura militar en Argentina

24 de marzo de 1976 – 10 de diciembre de 1983

El 24 de marzo de 1976 ocurrió lo que muchos esperaban: Isabel Perón[1] fue detenida y trasladada a Neuquén[2]. La

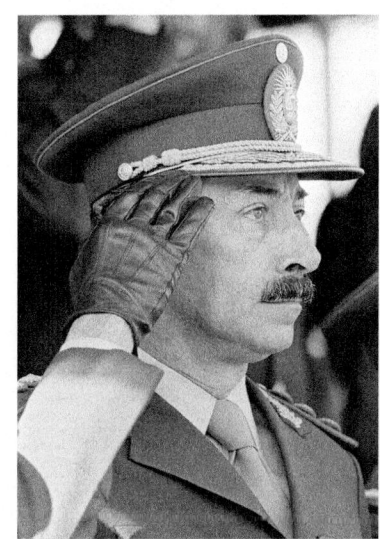

Junta de Comandantes asumió el poder[3], integrada por el Teniente Gral.[4] Jorge Rafael Videla, el Almirante Eduardo Emilio Massera y el Brigadier Gral. Orlando R. Agosti. Designó como presidente de facto a Jorge Rafael Videla. Dispuso[5] que la Armada[6], el Ejército[7] y la Fuerza Aérea[8] compondrían el futuro gobierno con igual participación. Comenzó el audodenominado[9] «Proceso de Reorganización Nacional».

El presidente Jorge Rafael Videla

---

1   Isabel Perón: presidenta de Argentina de julio de 1974 hasta marzo de 1976
2   Neuquén es la ciudad capital de la provincia de Neuquén en Patagonia.
3   asumir el poder: die Macht ergreifen
4   Gral.: general
5   disponer a/c: mandar a/c, ordenar a/c
6   la Armada: la marina de guerra
7   el Ejército: Heer
8   la Fuerza Aérea: Luftwaffe
9   autodenominar: sich selbst nennen

Buenos Aires después del golpe militar en 1976

[...] la Junta Militar impuso el terrorismo de Estado que, fuera de[1] enfrentar las acciones guerrilleras, desarrolló un proyecto planificado, dirigido a destruir toda forma de participación popular. El régimen militar puso en marcha[2] una represión implacable[3] sobre todas las fuerzas democráticas: políticas, sociales y sindicales[4], con el objetivo de someter[5] a la población mediante el terror de Estado para instaurar[6] terror en la población y así imponer el «orden», sin ninguna voz disidente. Se inauguró[7] el proceso autoritario más sangriento[8] que registra la historia 10

---

1 fuera de: abgesehen von
2 poner en marcha a/c: iniciar a/c
3 implacable: unerbittlich, grausam
4 sindical: gewerkschaftlich
5 someter a alg.: jdn. unterwerfen
6 instaurar a/c: etw. errichten
7 inaugurar a/c: *aquí* comenzar (e>ie) a/c
8 sangriento/-a: blutig

de nuestro país. Estudiantes, sindicalistas[1], intelectuales, profesionales y otros fueron secuestrados[2], asesinados y «desaparecieron». Mientras tanto, mucha gente se exilió[3].

Los campos de detención[4]

Se levantaron centros clandestinos[5] de detención y torturas.
5 En estos laboratorios del horror se detenía, se torturaba y se asesinaba a personas. Se encontraban en el propio centro de las ciudades del país, con nombres tristemente famosos, como la ESMA, el Vesubio, El Garage Olimpo, El Pozo de Banfield o La Perla. Existieron 340 distribuidos por todo el
10 territorio. Locales[6] civiles, dependencias policiales o de las propias fuerzas armadas fueron acondicionados[7] para funcionar como centros clandestinos. Estas cárceles clandestinas tenían una estructura similar: una zona dedicada a los interrogatorios[8] y tortura, y otra, donde
15 permanecían los secuestrados. Ser secuestrado o «chupado[9]», según la jerga represora, significaba ser fusilado[10] o ser arrojado[11] al río desde un avión o helicóptero.

1	el/la sindicalista: Gewerkschaftler/in
2	secuestrar a alg.: jdn. entführen
3	exiliarse: ir al exilio
4	el campo de detención: Häftlingslager
5	clandestino/-a: secreto/-a
6	el local: el lugar, el edificio
7	acondicionar a/c: preprarar a/c, transformar a/c
8	el interrogatorio: Verhör
9	chupar a alg.: *aquí* detener (e>ie) a alg.
10	fusilar a alg.: jdn. erschießen, hinrichten
11	arrojar: lanzar, echar

Los desaparecidos

«Debido a la naturaleza, una desaparición encubre[1] la identidad de su autor. Si no hay preso[2], ni cadáver, ni víctima, entonces nadie presumiblemente[3] es acusado de nada» (Amnistía Internacional, en su informe sobre la desaparición de personas por motivos políticos). 5
Hubo miles de desaparecidos: la CONADEP constató más de 9.000 casos. Los organismos de derechos humanos hablan de más de 30.000.

Apropiación[4] de chicos

Además del secuestro de adultos, hubo un plan sistemático de apropiación de niños. Los niños robados o que las madres 10 parían[5] en los centros de detención fueron inscriptos como hijos propios por muchos miembros de la represión, vendidos o abandonados en institutos.
«Durante la dictadura, los militares consideraban que los hijos de los desaparecidos debían perder su identidad. Por 15 eso los hacían desaparecer y los entregaban a familias de militares. Ellos pensaban que la subversión[6] era casi hereditaria[7] o que se trasmitía a través del vínculo familiar[8]. De la misma forma que a los hijos de desaparecidos se intentó quitarles su familia, a la sociedad en general se 20 intentó quitarle esos antecedentes[9] que, como los padres de

---

1 encubrir a/c.: ocultar, esconder a/c
2 el/la preso/a: Häftling, Gefangener/e
3 presumiblemente: probablemente
4 la apropiación: Aneignung
5 parir: gebären
6 la subversión: Umsturz, Subversion
7 hereditario/-a: erblich
8 el vínculo familiar: Familienbande
9 los antecedentes: Vorgeschichte, Vorleben

esos chicos, eran considerados subversivos» (Diario «Página 12», 10 de diciembre de 1995).

http://www.me.gov.ar/efeme/24demarzo
Efemérides Culturales Argentinas, © 2001 – 2012

1. Formad grupos (A–D) y leed el texto. Cada grupo se encarga de una tarea:
   A Explicad en lo que consistió el terrorismo de Estado.
   B Explicad quiénes fueron los desaparecidos.
   C Explicad en qué consistieron los campos de detención.
   D Explicad lo que fue la «apropiación de chicos».
2. Grupos de expertos: Intercambiad las informaciones formando grupos de expertos.
3. Grupos mixtos: Cada uno presenta sus informaciones.
4. Trabajo individual: Escribe un texto informativo sobre la dictadura militar en Argentina.

La Plaza de Mayo

1. Describe las fotos.
2. ¿Quiénes son estas mujeres y qué están haciendo?

Nunca Más: Informe[1] Sabato

El 29 de diciembre de 1983 Ernesto Sabato[2] fue elegido
Presidente de la Comisión Nacional sobre la Desaparición
de personas (CONADEP), gracias a su
honestidad[3] y espíritu crítico. La
5 misma tuvo a su cargo[4] investigar y
publicar un informe sobre los crímenes
de Estado cometidos por la dictadura
militar, en el poder entre 1976 y 1983.
Cinco departamentos[5] fueron creados
10 para tratar los diferentes aspectos de
trabajo. Se relevaron[6] miles de casos
de abducción[7], desaparición, tortura y
ejecuciones[8]. Cada caso fue

documentado en un archivo numerado. Se compilaron[9] más
15 de 50.000 páginas de documentación. Un resume[n], fruto
de las tareas de dicha[10] comisión, fue publicado en un
reporte oficial en el año 1984. Se trata del sobrecogedor[11]
volumen *Nunca Más. Informe de la Comisión Nacional
sobre la desaparición de personas* (Eudeba, 1984), conocido
20 mundialmente como *Informe Sabato*. En dicho informe se
da testimonio[12] de la desaparición y muerte de más de 30 mil

---

1 el informe: Bericht
2 Ernesto Sabato (1911–2011) fue un importante físico, escritor y
pintor argentino.
3 la honestidad: Ehrlichkeit, Ehrbarkeit
4 tener a su cargo a/c: ser responsable de a/c
5 el departamento: Abteilung
6 relevar a/c: descubrir a/c, encontrar (o>ue) a/c
7 la abducción: Entführung
8 la ejecución: Exekution, Hinrichtung
9 compilar: ansammeln
10 dicho/-a: mencionado/-a
11 sobrecogedor/a: que asusta, que da miedo
12 dar testimonio: declarar, afirmar

personas durante la dictadura militar instaurada[1] en el país desde fines de la década del 70' hasta principios del 80'. Luego de miles de testimonios y hechos horripilantes[2], la Comisión concluyó con una serie de recomendaciones para iniciar acciones legales contra los responsables. Pero 5 además de la coordinación de la comisión, Sabato tuvo a su cargo la realización del prólogo del libro. Parte del mismo dice:

«...Las grandes calamidades[3] son siempre aleccionadoras[4], y sin duda el más terrible drama que en toda su histo- 10 ria sufrió la Nación durante el período que duró la dictadura militar iniciada en marzo de 1976 servirá para hacernos comprender que únicamente la democracia es capaz de preservar a un pueblo de semejante[5] horror, que sólo ella puede mantener y salvar los sagrados[6] y esenciales dere- 15 chos de la criatura humana. Unicamente así podremos estar seguros de que NUNCA MAS en nuestra patria se repetirán los hechos que nos han hecho trágicamente famosos en el mundo civilizado...»

nach: http://www.me.gov.ar/efeme/sabato/informe/
Efemérides Culturales Argentinas, © 2001 – 2012

1. Presenta el trabajo de la Comisión Nacional sobre la Desaparición de personas.
2. Resume los resultados del Informe Sabato.
3. Comenta la frase «Las grandes calamidades son siempre aleccionadoras» (p. 112, l. 9–10).

---

1 instaurar a/c: errichten a/c
2 horripilante: haarsträubend
3 la calamidad: la catástrofe, el desastre
4 aleccionador/-a: lehrreich
5 semejante: parecido/-a
6 sagrado/-a: santo/-a